Research on Strategic Renewal of Online

FREIGHT
PLATFORM

Based on Service Ecosystem

基于服务生态系统的
网络货运平台战略更新研究

宋志刚 ◎著

中国财经出版传媒集团

经济科学出版社
Economic Science Press

·北京·

图书在版编目（CIP）数据

基于服务生态系统的网络货运平台战略更新研究/
宋志刚著 . -- 北京：经济科学出版社，2024.10.
ISBN 978 - 7 - 5218 - 6208 - 9

Ⅰ. F252

中国国家版本馆 CIP 数据核字第 20247D203V 号

责任编辑：刘　丽
责任校对：王苗苗
责任印制：范　艳

基于服务生态系统的网络货运平台战略更新研究
JIYU FUWU SHENGTAI XITONG DE WANGLUO HUOYUN PINGTAI
ZHANLÜE GENGXIN YANJIU
宋志刚　著
经济科学出版社出版、发行　新华书店经销
社址：北京市海淀区阜成路甲 28 号　邮编：100142
总编部电话：010 - 88191217　发行部电话：010 - 88191522
网址：www. esp. com. cn
电子邮箱：esp@ esp. com. cn
天猫网店：经济科学出版社旗舰店
网址：http://jjkxcbs. tmall. com
北京季蜂印刷有限公司印装
710×1000　16 开　14.5 印张　230000 字
2024 年 10 月第 1 版　2024 年 10 月第 1 次印刷
ISBN 978 - 7 - 5218 - 6208 - 9　定价：76.00 元
（图书出现印装问题，本社负责调换。电话：010 - 88191545）
（版权所有　侵权必究　打击盗版　举报热线：010 - 88191661
QQ：2242791300　营销中心电话：010 - 88191537
电子邮箱：dbts@ esp. com. cn）

前言

2013 年，笔者偶然接触到物流服务供应链的概念。彼时，有学者将服务主导逻辑（service-dominant logic）的思想引入物流服务供应链的研究中，形成了一种新的研究视角。此后，这一视角为笔者的物流研究活动提供了不竭的思想源泉和动力。

2015 年前后，大量互联网企业在资本加持下进入物流领域，对传统公路干线运输市场形成渗透，涌现一大批物流平台型企业。在与邢大宁和张建军两位师弟的交流中，笔者意识到物流服务供应链中的物流服务集成商将被平台型企业所替代，既有的"链"式结构将日益扁平化和平台化。大量涌现的物流平台型企业必然会像当年网络团购市场的"百团大战"一样，大浪淘沙，赢者通吃。在通过最初的商业模式创新，激发网络效应之后，物流平台型企业如何适应环境、主动变革，成为笔者关注的焦点问题。笔者连续多年参加中国物流与采购联合会举办的"中国物流与供应链信息化大会"，聆听冯雷和杨叶龙等众多行业知名企业家的演讲，跟踪调研物流平台企业的发展，见证了物流平台企业从"无车承运人"向"网络货运经营者"的转变。本书是在上述背景下，结合笔者在物流领域长期积累的理论思考与实践观察，形成了目前的内容与架构。

本书围绕一个核心问题，即网络货运平台企业在激烈的外部环境变化中如何主动实施战略更新，以缓解整个生态系统面临的竞争压力。为此，本书从三个部分对这一问题进行剖析。第一部分主要研究网络货运业务的演化轨迹，由第一章至第四章构成。该部分主要包括绪论、理论基础、发展现状和政策体系评估，总结归纳了从无车承运人到网络货运经营者的发展历程，对在此期间出台的相关政策进行系统梳理，探讨政府监管的主要思路，利用政策评估工具对两份关键文件进行了分析，从而全面系统揭示了网络货运平台企业面临的外部发展环境。第二部分主要研究网络货运平台生态系统的价值创造，由第五章构成。该部分是一个承上启下的内容，通过对网络货运平台生态系统的架构分析，识别了生态系统中的利益相关者，提出了平台生态系统价值创造驱动要素，从价值主张、价值创造机制和价值实现路径刻画了价值创造机理。该部分研究揭示了网络货运平台企业生存与发展的关键，即与利益相关者共同进行价值创造。因此在面临外部环境剧烈变化时，网络货运平台企业的战略更新需要与利益相关者同步进行。第三部分主要研究网络货运平台的战略更新问题，由第六章至第九章构成。该部分主要包括战略更新、服务流程优化、服务质量改进和运力供应链构建，系统分析了网络货运平台企业在面临外部环境变化时，动态能力和运营能力各维度上的变化情况，并进一步地研究不同类型的平台企业能力维度变化。通过对能力维度变化的分析，利用服务运营管理中的方法，如过程链网络分析、SERVQUAL 量表等，为网络货运平台的高质量发展出谋划策。

本书得到了教育部人文社会科学研究项目"基于服务生态系统观的物流平台价值共创与战略更新研究（20YJC630124）"的支持，笔者的硕士生张巧和于佳鑫等同学在该项目的支持下，围绕网络货运平台的价值创造、服务质量改进和服务创新进行了科研探索，她们也为本书的成稿作出了很多贡献。本书的顺利付梓，要感谢经济科学出版社刘丽老师，在本书出版计划安排上给予了很多的支持。

　　中国网络货运业的发展正在步入一个新的阶段，对于其发展规律的认识需要一个过程，笔者虽然对其进行了持续的跟踪，但也不可能探明行业发展面临的全部问题，只能以某些侧面揭示笔者关注的一些关键问题。由于笔者水平有限，书中的论述难免出现谬误，恳请广大读者批评指正。

宋志刚
2024 年夏于郑州航空工业管理学院

目　录

第一章　绪　　论

第一节　研究背景与研究意义

一、研究背景

网络货运平台是移动互联网技术与公路货运行业深度融合的产物。自 2010 年前后兴起以来，行业逐步完成了从野蛮生长向规范发展的转变。与之相伴的是政策层面的持续完善，2011 年出台《交通运输"十二五"发展规划》，首次提出无车承运人概念，2016 年出台《关于推进改革试点加快无车承运物流创新发展的意见》，推出了无车承运人试点，2019 年出台《网络平台道路货物运输经营管理暂行办法》，将无车承运人改名为网络货运经营者，明确其概念与法律地位，体现了监管部门规范网络货运经营，维护公路货运市场秩序的管理思路。根据交通运输部的数据，截至 2023 年 12 月底，全国共有 3069 家网络货运企业（含分公司），接入社会运力 798.9 万辆、驾驶员 647.6 万人。全年共上传运单 1.3 亿单，同比增长 40.9%。

与行业发展"由乱到治"相伴的，是源源不断的商业模式创新以及企业围绕细分领域的深耕细作，逐渐涌现出以满帮、福佑、路歌等为代表的一批"独角兽"企业。这些企业普遍经历了行业前期的"补贴大战"、规模化扩张，并且在市场竞争和政策引领下持续开始变革，在精细化运营、优化平台业务提升客户体验的过程中探寻生存与发展之道。

以货车帮和运满满合并组建的满帮集团为例。2011 年和 2013 年，货车帮和运满满分别通过 QQ 和微信提供订单发布业务，迈出了数字化转型的第一步。2013 年底和 2014 年初，两家企业分别推出了各自的移动应用程序，帮助货主和车主实现对接。2017 年底两家公司合并后，开始对订单发布业务收费。2018 年初，满帮推出货运经纪服务，满帮作为货运经纪人，与托运人签订货运服务和平台服务销售合同，同时与卡车司机签订货运服务采购合同。2020 年，满帮进一步实现货运交易的数字化，使托运人和卡车司机可以通过满帮平台进行交易。在业务持续优化的过程中，满帮的货运网络持续扩大，货运匹配的效率明显提升，货运定价更加精准，物流管理经验显著提高。

这些企业如何推动物流平台组织变革，在激发网络效应后有效突破平台型企业成长瓶颈，是学术界迫切需要回答的问题，这不仅对网络货运企业，同时也对其他类型的平台企业转型提供参考依据。

二、研究意义

在持续变化的环境中，企业战略行为的"有效期"不断被压缩，"持续竞争优势"不复存在（王晓东，2005）。企业必须加快调整和优化的步伐，以保持其市场竞争力。在平台服务中，由于平台企业连接双边用户，通过价值共创，支撑商品（服务）生产者、销售者和专业服务提供商的生存与发展。平台企业与双边用户、增值服务提供商之间形成一个由多个松散耦合的社会和经济参与者（资源整合者）参与的，相对独立、自我调节的系统。因此，当服务生态系统面临外部环境激烈变化时，仅仅依靠平台企业实施战略更新，难以解除整个生态系统面临的竞争压力，需要双边用户、增值服务提供商在共享的制度安排下，主动跟进战略更新。

本书综合运用战略更新理论、价值共创理论和服务生态系统思想，将战略更新理论从单一企业拓展到服务生态系统视角，提出服务生态系统视角下物流平台战略更新的理论框架，分析平台企业战略更新过程中能力构成要素的变化。

随着整个行业逐渐告别价格战和粗放式发展，高品质、标准化、个性化的服务将是下一阶段的竞争焦点，本书围绕平台企业的战略更新，提出创新平台服务、改进服务质量、加强运力管理等相关举措，对于网络货运平台企业向精细化发展转型提供思路。

第二节 研究思路与研究框架

一、研究思路

共享经济时代的管理者秉持更加开放的态度来看待创新和竞争，利用一种更有效的组织模式来支持参与者的资源整合，降低交易成本，实现价值共创。服务生态系统的思想是在产业生态重构、企业跨界融合的过程中提出的。作为一种中间组织模式，服务生态系统可以较好地适应当下经济发展的要求。而战略更新理论在不断的发展完善中开始考虑外部环境的影响，提出开放企业边界来支持战略更新的思想。实践中虽然出现了苹果、小米等成功的生态系统商业典型，但平台企业是否可以通过形成服务生态系统来实施战略更新，突破发展瓶颈，促进企业转型升级，还缺少理论支撑。

平台型企业从商业生态及其整体演化的角度构建服务生态系统并为客户创造价值，实现生态化的治理，成为行业发展的共识。这既需要理解和刻画平台生态系统的价值创造逻辑，也需要结合社会经济发展变化，通过战略更新明确平台企业的能力缺口和能力需求，构建新型的服务生态系统来参与市场竞争。

第一，分析网络货运的发展现状，展示整个公路货运市场的基本情况，分析互联网、移动互联网等技术创新应用对公路货运行业产生的影响，总结归纳网络货运的发展历程，归纳网络货运企业的基本业务和衍生业务，可以使读者对行业发展的全貌有一个较为清晰的认识，是开展理论研究的基础之一。

第二，利用政策评估工具对网络货运的政策体系进行分析。网络货运新业态的培育离不开政策的呵护，与"营改增"试点扩围密切相关，政府监管思路的调整成为行业外部环境变化的重要推动力。因此，对网络货运相关政策的梳理也是开展理论研究的基础之一。

第三，揭示网络货运平台生态系统价值创造机理。分析了网络货运平台服务的利益相关者，提出网络货运平台生态系统的三层架构。通过对平台企业用户需求捕捉、价值主张识别、互补性资源整合等一系列活动的研究，提出网络货运平台生态系统的价值创造驱动的理论框架，利用扎根理论构建网络货运平台生态系统的价值创造机理模型，并通过结构方程模型进行了验证。

第四，分析网络货运平台在战略更新活动中能力构成的变化。将《网络平台道路货物运输经营管理暂行办法》出台视为一种重要的外部刺激，分析外部环境的变化对资源投入、企业合规运营、安全生产、司机权益保护等平台企业运营管理重点事项的新要求，揭示政策出台前后平台企业的能力构成，识别能力构成的变化，为网络货运平台企业的创新发展提供思路。

第五，分别从网络货运平台服务优化、服务质量改进和运力供应链管理三个方面着手，提出优化服务流程、提升服务质量、重构运力供应链的手段和方法，以期在网络货运商业模式创新进入一个相对稳定期时，为行业发展提供指引。

二、研究框架

本书的研究框架如图 1-1 所示。

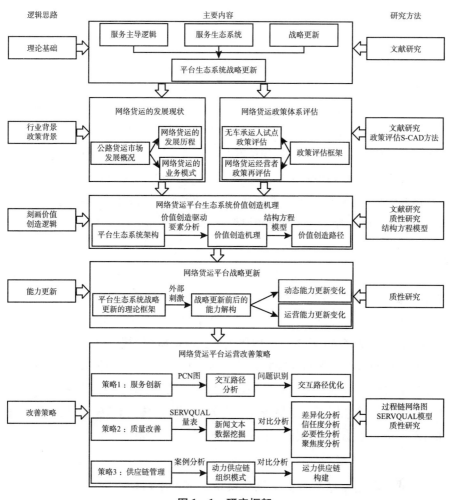

图 1-1 研究框架

第三节 研究方法与主要创新点

一、研究方法

1. 政策评估 S-CAD 方法

S-CAD 方法是政策研究的方法论之一，先从"主导观点"去分析价值/

政策关系，然后再从"相关观点"去分析其他参与者的价值/政策关系，在操作上可以分为逻辑分析、经济分析、法理与实施分析三个阶段。其中，逻辑分析主要分析个人或组织的价值观与政策的目标、手段和预期或实际结果之间的逻辑；经济分析主要考察政策决定和行动的"经济"意义，即资源投入情况，避免浪费、重复、误用；法理与实施分析主要分析政策的支持者和对抗反对者，分析支持与反对的理由，找出相应的解决之道（梁鹤年，2009）。本书主要运用 S－CAD 方法对 2016 年出台的《交通运输部办公厅关于推进改革试点加快无车承运物流创新发展的意见》和 2019 年出台的《网络平台道路货物运输经营管理暂行办法》进行分析，为网络货运相关政策更好地指导和规范行业发展提供参考，以便不断优化网络货运相关政策，提升政策的实施效果。

2. 质性研究

质性研究是一种审查资料和解释资料的过程，目的是从中发现意义、获得理解以及发展经验知识（科宾和施特劳斯，2015）。质性研究常常使用归纳法分析资料并形成理论，与研究对象互动建构其行为和意义并获取解释性理解（林琴，2015）。基本研究步骤包括：选择研究问题、目的性抽样、搜集资料、分析资料、撰写研究报告。通过循环式步骤探究问题，从发现研究问题到解释研究发现，周而复始循环进行。常见的质性研究途径有七类，即历史研究、民族志研究、案例研究、现象学研究、传记研究、扎根理论研究和行动研究。本书主要采用其中的案例研究和扎根理论。

3. 结构方程模型

结构方程模型属于多变量统计模型，其产生后便迅速得到广泛应用。在社会科学研究领域，结构方程模型能够解决不可直接观测的变量问题，同时处理多个因变量，并允许自变量和因变量均包含测量误差（辛士波等，2014）。结构方程模型提出后，进一步发展矩阵模型的分析技术来处理共变结构分析问题，提出测量模型与结构模型的概念。本书在第五章的研究中将主要使用测量模型。

二、主要创新点

本书主要包括以下创新点。

1. 阐释了网络货运平台生态系统的价值创造机理

分析网络货运平台生态系统价值创造驱动要素，基于扎根理论构建网络货运平台生态系统价值创造机理模型，利用结构方程模型挖掘"价值主张—价值创造—价值实现"的路径。网络货运平台生态系统的价值主张包括高效匹配、全景协同和共治共生；价值创造包括平台的资源整合与连接赋能机制；价值实现包括降本增效、服务创新以及信用水平的提升。其中，高效匹配的价值主张推动平台加快资源整合，平台的资源整合机制促进降本增效和服务创新的实现；全景协同和共治共生的价值主张推动平台实施连接赋能，进而通过连接赋能机制促进服务创新和信用水平的提升。

2. 揭示了网络货运平台企业动态能力、运营能力战略更新的关键维度

提出服务生态系统战略更新的理论框架，基于 68 个信息化优秀案例，通过文本分析方法，对网络货运平台企业的能力构成进行分析，将动态能力细分为环境感知能力、机会利用能力、资源整合能力。将运营能力细分为产品开发能力和作业管控能力。研究发现，随着外部环境的剧烈变化，在动态能力更新方面，网络货运平台企业重视强化内部自身能力建设，积极推动生态系统的参与主体主动变革，通过为客户赋能，建立与外部资源的紧密连接，实现多元参与主体的能力更新，为共享制度的重构创造条件；在运营能力更新方面，网络货运平台企业强化产品和服务开发能力，依托先进技术形成智能决策能力来支持对用户需求的快速响应。

3. 提出了网络货运平台服务质量的改进策略

将新闻文本数据挖掘方法和传统 SERVQUAL 模型相结合，构建适应网络货运平台服务质量研究的修正 SERVQUAL 量表，参照数据挖掘得出的网络货运平台服务质量影响因素，利用 5 大维度 22 个小项测量指标，对满帮和路歌两家业务模式具有典型差异的网络货运平台，从服务的信任度、必要性、聚焦度、差异化四个方面进行分析，从政策作用、行业影响和模式差异三个维度提出影响网络货运平台服务质量的 7 个命题，并提出具体的改进策略。

4. 探讨了网络货运运力供应链的组织模式

通过对货运市场运力结构的分析，结合平台服务供应链、物流服务供应链相关理论，提出网络货运运力供应链的管理框架，围绕组织结构、管理要素、价值创造和利益协调四个方面，拆解满帮、福佑和路歌三家网络货运平台企业的运力供应链组织模式。研究发现，网络货运平台企业通过数字技术连接车主与货主，打破信息壁垒，压缩了传统运力供应链的层级，实现供需的有效对接和跨组织层级的连通。平台企业以价值共创的理念重构运力供应链，取代原有的货代企业，成为运力供应链中新的核心，通过资源的数字化构建运力资源池，并进行运力资源的分级赋能。

第二章 理论基础

第一节 价值共创的相关理论

一、服务主导逻辑与价值共创的提出

在早期的合作生产概念中，客户是作为一种资源要素投入生产中去的。客户既不是从事生产活动的主体之一，也不能通过其努力来改变生产的结果。客户在合作生产中所扮演的角色类似于信息输入者，将对产品的满意度等信息反馈给企业。客户在合作生产中处于一种被动的状态，价值创造活动是以企业为主导的。

这种在商品主导逻辑下形成的概念认知在提出服务主导逻辑后得到了改变。传统的商品主导逻辑关注对象性资源、有形的产品及其交易，价值嵌入在有形产品中，并在交易过程中传递给客户。商品主导逻辑关注的是交换价值（value-in-exchange）。服务主导逻辑认为应当以客户为中心，在市场驱动下用一种新的逻辑来认识经济活动——价值是以价值主张的形式提供给客户的，客户必须参与到价值创造活动中去才能获得价值。服务主导逻辑关注的是使用价值。

服务主导逻辑明确提出价值是由客户和企业共同创造的，而不是通过交换得到的。但是瓦戈和卢施（Vargo & Lusch，2004）的研究并没有特别区分价值共创与合作生产两个概念。基本命题6的表述是"客户通常是合作

生产者"。但是这样的表述招致了许多非议，认为合作生产是一个明显具有产品主导逻辑观的词条，它暗示了生产或制造某些产品。因此，瓦戈和卢施（2006）将合作生产视作一个过渡性概念，并在服务主导逻辑的第一次修正中，将基本命题 6 变更为"客户通常是价值共同创造者"。后续对命题的解释开始将价值共创与客户合作生产这两个概念区分开来。他们的研究认为"共创"包含两层含义，一层是价值共创，意在强调价值不是企业单独创造并通过交换传递给客户的，而是在消费或使用过程中由企业和客户共同创造的；另一层是合作生产，意指客户（也包括其他利益相关者）在产品生产过程中的参与行为，它通常发生在产品生产和设计过程中需要各利益相关方联合开发、联合生产的地方，如表 2 - 1 所示。价值共创的主体从早期的企业、客户逐步拓展到包含企业、客户、渠道中的合作伙伴在内的所有利益相关者。

表 2 - 1　　　　　　　　服务主导逻辑的十个基本命题

基本命题	命题内容
1	服务是一切经济交易的根本基础
2	间接交易掩盖了交易的根本基础
3	商品是提供服务的分销机制
4	操纵性资源是竞争优势的根本来源
5	所有经济都是服务经济
6	客户通常是价值的共同创造者
7	企业并不能传递价值，而只能提出价值主张
8	服务中心观必然是顾客导向和关系性的
9	所有经济活动和社会活动的参与者都是资源整合者
10	价值总是由受益者独特地用现象学的方法来决定

资料来源：李雷，简兆权，张鲁艳. 服务主导逻辑产生原因、核心观点探析与未来研究展望 [J]. 外国经济与管理，2013（4）：2 - 12.

埃特加（Etgar，2008）对两个概念的对比分析显然与瓦戈和卢施的理解有着明显的不同。他认为共创发生在客户与企业建立联系一直到最终消费的全过程中，而合作生产发生在早于消费阶段的生产阶段中。合作生产包括了客户与企业之间所有形式的合作，并且与定制化直接相关。因此，合作生产是价值共创的一个组成部分。

格罗鲁斯（Grönroos，2006）强调价值不能由企业向客户传递，只能通过为客户的消费和使用过程提供支持来帮助客户创造价值，或者通过与客户的互动来共创价值，认为企业的活动是提出价值主张并通过整合资源来使其有足够的能力来支持价值主张。但是价值主张只是一种建议价值（suggested value），而真正的价值是客户的感知价值，即前述的使用价值。合作生产中的客户不再只是作为信息资源投入生产中，客户成为真正的合作生产者参与价值共创活动，客户作为参与主体的主观能动性初步得到了体现。

综合上述研究来看，早期价值共创的研究重在厘清概念。围绕着"谁创造价值、创造何种价值、如何创造价值"等问题，学者们在以下六个方面基本上达成了共识：（1）企业不能单独创造价值并将价值传递给客户；（2）客户参与价值创造活动并处于非常重要的地位；（3）价值意指使用价值，而非交换价值；（4）价值是在客户消费和使用过程中创造的，存在企业与客户的价值共创行为；（5）价值创造活动从价值链中的企业—客户二元主体参与向价值网络中的多元利益相关者参与转变；（6）合作生产是价值共创活动中的一个组成部分。

二、价值共创研究视角的演化脉络

随着学者们对价值共创、客户合作生产等概念逐渐达成一定的共识，价值共创的研究陆续形成了服务主导逻辑、服务生态系统、服务逻辑等研究视角。

（一）服务主导逻辑视角

瓦戈和卢施（2008）对服务主导逻辑进行了第二次修订后，服务主导逻辑的基本命题达到10个，这些基本命题在此后的几年中没有变化，理论体系初步形成，相关研究开始大量使用这些基本命题。简兆权等（2016）认为服务主导逻辑中的诸多基本命题（命题1、命题6、命题7、命题9、命题10）都可以看作关于价值共创的研究。服务主导逻辑已经成为价值共创的主要研究视角。

2004—2008 年，瓦戈和卢施通过对产品主导逻辑观点的质疑，将对营销理论的辨析带到了一个新的领域，最终将价值创造活动的重点归结于企业和客户二元关系的价值共创。质疑与思辨的过程使得他们不断完善 2004 年提出的 8 个基本命题，并于 2006 年进行了第一次修订。在第一次修订中，除了增加了基本命题 9 来说明企业是资源整合者，体现企业存在的目的性，最重要的修订即放弃使用"共同生产"这一词组，转而用"价值共创"来替代。2006 年的修订可以看作对 2004 年研究命题的修补，并无实质性的改变。因此可以将瓦戈和卢施在 2006 年之前的研究视为早期服务主导逻辑视角。

2008 年，瓦戈和卢施进行第二次修订时的一个非常明确的想法是用一些新词汇来代替"生产""产品""供应商""供应链""价值链""分销""客户"等具有产品主导逻辑背景的词汇，以便使人们能够在服务主导逻辑的思维模式下来认识新经济的发展。限于本书研究主题，只对命题 1、命题 6、命题 7、命题 9、命题 10 进行分析，基本命题的变化如表 2-2 所示。

表 2-2　　　　　服务主导逻辑中有关价值共创命题的变化轨迹

基本命题	2004 年	2006 年	2008 年
1	专业知识和技能运用是交换的基本单位	（无变化）	服务是一切经济交易的根本基础
6	消费者通常是共同的生产者	消费者通常是价值的共同创造者	（无变化）
7	企业提出价值主张	（无变化）	企业并不能传递价值，而只能提出价值主张
9	—	组织的存在是为了把其成员的专业能力整合、转化成市场所需的复杂服务	所有经济活动和社会活动的参与者都是资源整合者
10	—	—	价值总是由受益者独特地用现象学方法来决定

命题 1 的变化有两处，一是用"服务（service）"① 代替"专业知识和

———

① 服务主导逻辑中，"服务"一词的英文单词 service 和 services 有明确的不同意义。

技能运用"，瓦戈和卢施（2004）已经意识到专业知识和技能是最重要的资源，也是市场交易中根本性的因素，客户对于这些因素的感知将决定市场交易的最终价值。瓦戈和卢施（2006）重新将服务（service）定义为"主体运用专业化能力（工具性资源，如知识和技能）来为自己和其他主体创造利益的过程"。为了突出服务在交换中的中心地位，瓦戈和卢施对命题进行了简化。第二处变化是用"基础"（basis）来替代"单位"（unit）。因为在产品主导逻辑中生产者和客户被人为割裂开来，价值创造被视为一个离散的过程，这一过程被价值链清晰地刻画出来，客户不在价值创造过程中，并且常常被视为"价值毁灭者"。服务主导逻辑则将价值创造视为一个连续过程。然而"交换的基本单位"是一种明显带有产品中心观色彩的词组，无法反映价值创造的连续性和客户参与价值创造活动。客户利用自身知识来体验服务，延续价值创造活动，感受使用价值的过程，也会由于词语使用不当而被读者所误解。

命题 9 中，2006 年的阐述意在解释组织存在的目的，而 2008 年则完全从另一个角度进行了全新的表述。由于意识到不仅企业是资源整合者，其他合适的个体、组织也都可以成为资源整合者，瓦戈和卢施一方面用经济主体（economic entities）来表示所有价值创造活动中的参与者，另一方面也希望说明价值共创活动并非只是发生在企业与客户的二元关系中，而是发生在价值网络与价值网络之间。"经济主体"一词也成为区分产品主导逻辑和服务主导逻辑的重要词汇。

命题 10 是在 2008 年新提出的。该命题的提出是对价值本质的一种说明，以便将其与"体验"区分开来。因为"体验"的内涵还是过于狭隘了，在价值共创活动中，不同利益主体用"现象学方法"所确定的价值具有特异性，它与特定的情境有关，具有丰富的含义。

命题 6 和命题 7 的变化在概念辨析中已经阐明，不再赘述。

服务主导逻辑的视角开创了价值共创研究的新方向，2008 年瓦戈和卢施发表于 *JACAD MARKET* 的文章也成为价值共创研究中最重要的文献。但是由于服务主导逻辑对价值共创的描述仍然处于"隐喻"层面，当研究需要深入时，服务主导逻辑中命题 10 对于价值的界定，使得价值创造轨迹难以把握、价值属性也无法言明，造成价值共创的思想在实践中很难应用。而这也为其他视角的提出提供了空间。

（二）服务系统视角与服务生态系统视角

服务生态系统是服务系统的具体化，服务系统视角和服务生态系统视角有着比较强的关联和承上启下的过渡关系，因此将两个研究视角放在一起进行分析。

受合作者研究背景的影响，服务主导逻辑的研究开始吸收 IBM 服务科学的研究思路，从系统的观点来认识价值共创。瓦戈和卢施（2008）将价值定义为"系统在幸福感方面的改善"，价值可以通过衡量系统的适应性或者系统对其所处环境的适应能力来量化。根据上述论述，系统幸福感的改善意味着系统实现价值创造，即系统的适应性增加。以上定义反映了笔者对价值创造的理解从"生产商—客户"的二元关系转向动态化、网络化以及系统化的方向。

瓦戈和卢施（2011）提出，与产品主导逻辑强调"生产商—客户"二元关系不同，服务主导逻辑所强调的价值创造是由所有社会经济主体在服务过程中达成的，所有的交换都可以视为是 B2B 的。更进一步，模糊社会经济主体的身份差异，从服务系统视角来看，服务系统是 A2A（actor to actor）的，系统内各主体整合资源，利用知识和技能开发新知识，通过相互服务（service-for-service），以互惠为提前，推动系统整体幸福感的提升过程，也是各主体幸福感提升的过程，即各主体进行价值共创的过程。系统整体幸福感提升的程度受系统所处环境、社会情境等因素的影响。

但是与通常面向优化的动态系统观不同，从服务系统视角来认识价值共创所强调的是在一个动态的、不断变化的环境中去学习，从而更好地去理解价值创造是如何产生并对生态系统的形成和演进起到关键作用的。为了使这种以组织网络、信息网络为支撑，在服务经济大环境中进行资源整合、价值共创的系统更加具象化，瓦戈和卢施（2010）将其称为"服务生态系统"。这种生态系统是为了相互服务并共创价值，而由大量具有自发感知和响应能力的社会和经济主体，根据各自的价值主张，依靠制度、技术和语言进行互动，并通过主体间互动所形成的松散耦合关系而链接起来的一种时空结构。

服务生态系统中，实现价值共创所需的知识、技能等资源，在过往的人类文明中，主要以信息的形式附着于有形的物质之上并在随后融入有形的产品之中，这些信息受有形实体流动的成本、时间等因素的影响，共享度比较低。信息与通信技术（information and communications technology，ICT）的出现，促使信息数字化并便于存储、传输和处理，这大大方便了有形实体附着信息的流动与共享。资源的"液化"使服务生态系统中的参与主体有能力按照客户的需求以"端到端"的方式减少实体流动、增加信息流动，在不影响组织绩效的情况下使得流程时间和步骤压缩。同时，资源的"液化"促使服务生态系统中在恰当的时间和地点有更多的资源来满足相互服务、价值共创所需，资源的"密度"有了较大的提升，因此系统的适应性（价值）也将有明显提升。

综合来看，由于服务系统视角和服务生态系统视角下，价值共创的研究明确了价值的内涵——系统适应性的增强，使得对价值的表述更加清晰，有利于后续研究中逐步使用情境价值、社会情境价值等较为宏观的概念来替代使用价值。在这样的价值概念下，价值必然是由系统内的各主体共同创造的。共创的过程需要依靠制度、技术和共同的语言进行互动。因此，该视角下后续的研究转向技术、制度等作为一类资源是如何影响价值共创的。

（三）服务逻辑视角

相对于普通消费者，微观经济主体——企业更加关注服务经济的影响，对服务理论研究进展的关注程度更高，更希望能有一些理论和方法来指导企业实践。以服务系统或服务生态系统视角来研究价值共创，虽然提出了一些系统如何实现价值创造的理念，但是这种宏观视角下提出的理念，却难以满足企业的需求。对于大多数企业而言，生态系统适应性的改善所带来的价值显得遥不可及，而提升短期利益才是企业关注的重点，毕竟能在激烈竞争中生存下来的企业才有未来。在这样的背景下，一些更加微观的研究视角被不断提出，而服务逻辑视角是其中最典型的代表。

首先，服务逻辑的观点并不排斥服务主导逻辑中的许多思想，格罗鲁斯和沃伊马（Grönroos & Voima，2013）认为两种思想有许多共同之处。但是，服务主导逻辑中提出"服务是一切商业活动的基础"，格罗鲁斯和沃伊马（2013）认为价值创造才是一切商业活动的基础，服务只是价值创造的推动力。其次，服务主导逻辑中提出"企业作为服务提供商，可以允许客户作为价值共创者加入企业的服务过程中，从而影响客户的价值创造"。对于这样的观点格罗鲁斯等认为也是不妥当的。

服务逻辑视角认为价值的内涵就是使用价值。使用价值在客户体验过程中随着时间而累积。因此，服务提供物的价值在进入使用过程而被创造出来之前是不存在的，并且由于价值是在使用过程中不断累积的，在使用前和使用中都是无法度量的。服务逻辑中与价值共创有关的命题包括命题2、3、4、5，这些命题依次解释了价值生成过程、客户的角色、企业的价值促进者角色和企业的价值共创者角色。服务逻辑视角下，客户是价值创造的主体，而企业则是价值促进者和价值共创者。作为价值促进者，企业为客户提供资源作为价值创造的基础；作为价值共创者，企业在价值生成过程中与客户进行直接互动。

必须强调的是，服务逻辑认为企业是价值的共同创造者。这一观点与服务主导逻辑明显不同。企业可以提出价值主张，可以与客户之间的互动，从而拓展企业在价值创造过程中的作用，使企业参与到顾客价值的生成过程中，直接影响价值创造。因此企业成为价值的共同创造者。

为了进一步解释"企业是价值共同创造者"这一论断，格罗鲁斯和沃伊马（2013）将价值生成过程划分为三个域：提供商域、客户域和连接域。在提供商域，企业是客户价值的促进者（命题4）。在客户域，客户运用自有知识、技能和其他一切可用资源，在自我服务的价值生成过程中为自己创造价值（命题3）。而在连接域，只有当企业采用服务逻辑，在价值生成过程中创造与客户互动的机会时，才能成为价值的共同创造者（命题5）。而这还要取决于客户是否愿意与企业互动。如果客户主观上关闭了这一空间，将不存在价值共创，企业只能使用产品逻辑思维了。

（四）客户主导逻辑视角

客户主导逻辑视角是在对价值共创、使用价值、客户体验等概念的思辨过程中形成的。虽然同样也受服务主导逻辑等视角的影响，但这个视角却与此前的研究有着本质的不同，如表2-3所示。

表 2 - 3　　　　　　　　　客户主导逻辑视角与其他研究视角的区别

主要区别	服务主导逻辑	服务系统/服务生态系统	服务逻辑	客户主导逻辑
研究焦点	服务	服务	服务	客户
价值焦点	使用价值	情境价值（系统适应度的改善）	使用价值	体验价值
价值创造轨迹	使用或消费	使用或消费	使用或消费	使用或消费之前、之中和之后
价值创造主导	企业	主体（不区分企业或客户）	客户	客户
价值共创	必然存在	根本或基础	取决于客户，可能不会发生	取决于客户角色，相关机制有待研究

　　第一点不同源自研究焦点。客户主导逻辑视角下研究的焦点是客户，而前面的各种研究视角的焦点是服务。海诺宁等（Heinonen et al.，2010）认为当以服务为焦点展开研究时，本质上关注的仍然是企业如何提供服务的问题，研究的立场必然是从提供商一方出发的，他将这些视角统称为提供商主导逻辑。而客户主导逻辑是从客户所处的情境、行为、实践和体验出发来认识价值创造的。

　　第二点不同在于质疑价值共创是否真的存在。由于将客户置于价值创造的决定地位，客户主导逻辑认为价值共创取决于客户的不同角色，相关的机制仍有待进一步的研究。桑普森和斯普林（Sampson & Spring，2012）认为客户在服务供应链中扮演了资源提供者、劳动力、设计工程师、生产管理者等9种角色。当客户作为资源提供者、劳动力等角色时，服务提供商可以参与到客户的日常消费活动中，但是价值创造是由客户主导的。然而与服务主导逻辑相关的研究视角一般认为价值共创是必然存在的；服务逻辑视角认为价值共创取决于客户。

　　第三点不同在于对价值创造轨迹的论述。此前的研究视角都认为价值创造产生于客户使用或消费过程中，虽然服务逻辑对价值创造轨迹作了进一步的细分，划分了提供商域、连接域和客户域。但是，客户主导逻辑一方面强调价值创造可能在使用或消费之前便已经发生，例如客户在体验某项旅游服务之前，已经通过自己已有的知识、所处的情境，在精神层面形成了某些价值。因此，价值创造轨迹嵌入在客户对服务提供物的认识、加工、改造、创造、操作等活动中，是顾客认识、思考和情感相结合的结果。另外客户主导逻辑认为客户与企业间的直接互动只是价值创造的一种类型，不宜过度强调。而应当将关注的重点放在客户的活动和其所处的不同消费情境上。客户日常消费活动并非孤立的，必然与其他客户相连接，不同客户对服务提供物的价值感知会通过客户间的连接在客户间传导，使价值创造轨迹呈现某种动态性、集体性、情境性特征。

（五）实践论视角

实践论视角的研究开创了利用哲学思想来分析价值共创的先河。社会实践论由法国著名的哲学家和社会学家布迪厄首先提出，其哲学思想中提出的"实践"一词指的是人类一般的日常性活动，即"实际活动"，包含了"场域""惯习""资本"等基本概念。绍等（Schau et al.，2009）对品牌社群进行了研究，其对价值的理解与客户主导逻辑比较接近，将价值界定为客户价值，并且主要涉及情感体验，笔者试图通过实践论来揭示价值共创是如何发生的，参与主体对价值的主观评价是什么，是否有可能去复制一种成功的价值共创活动。实践论认为在社会空间中的行动者的社会位置是由其所处的社会关系网络决定的，受客观环境和社会条件的制约，行动者利用各自掌握的资本和惯习，在特定的社会场域中活动，同时创造和建构自身及其所处的社会。

由于此前的研究多是抽象的、概念化的，缺少研究共创价值形成的微观实践，使得理论研究在解释价值共创和指导共创价值形成方面显得力不从心。基于实践论的分析使得价值创造活动变得更加清晰，一改前述研究视角中注重建构价值共创理论框架的研究模式，引导研究者去关注价值创造活动以及不同价值创造活动间的关系。在实践论的指导下，绍等（2009）对品牌社群的研究发现了四类共 12 种共创价值的活动，埃切韦里和斯卡尔伦（Echeverri & Skålén，2011）对公共交通服务的研究中识别出 5 种共创价值的活动。以实践论为基础的这些研究，一方面帮助研究人员阐释和分析了共创价值形成的微观实践，使得价值共创在分析层面具有可操作性，让其他研究者可以用一种可复制的方法进行测量；另一方面也成为价值共创的有力证据。

三、价值共创研究视角的演进分析

由于实践论视角是在微观实践领域的分析，这与其他研究视角不在同一层面上。因此，在研究视角的比较分析中就不再对实践论视角进行探讨。为了更清晰地反映价值共创研究视角的变化，本书将产品主导逻辑视角下的价值创造一并进行分析，绘制出价值共创研究视角演进的"鱼形"图，如图2-1所示。"鱼形"图包含两条主线：企业线和客户主线，沿着企业线出发，价值共创理论的演进从对产品主导逻辑的思辨中形成并逐步发展出服务主导逻辑、服务生态系统等研究视角，对价值的关注从"企业—客户"二元关系中的交换价值转向使用价值，进而转换到网络关系中的情境价值；随着学者们对客户作用的重视程度越来越高，价值共创理论的研究开始形成客户主线，并逐步发展出服务逻辑和客户主导逻辑等新的研究视角，对价值的关注由强调使用价值中的客户作用到客户决定价值创造（体验价值）。纵观价值共创研究视角的变化，经历了"微观→宏观→微观""价值独创→价值共创→价值独创"等一系列的转变。

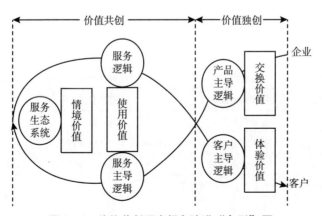

图2-1 价值共创研究视角演进"鱼形"图

第二节 战略更新理论

一、企业战略更新

"战略"一词表述企业关于长期目标的制定、资源配置的选择和行动序列的设计（Chandler，1962），战略管理从本质上是关注和研究环境的变化以及组织的适应性调整（Ansoff，1965）。随着技术迭代的速度不断加快，全球化程度的持续加深，行业边界的逐渐模糊，信息的爆炸式增长，传统工业经济中"点对点"的联系，正在转变为数字经济中的"点对面""面对面"的联系（童文锋和杜义飞，2021），VUCA 成为市场的重要特征。VUCA，即易变性（volatility）、不确定性（uncertainty）、复杂性（complexity）和模糊性（ambiguity）。企业所处的竞争环境表现出一种"超竞争（hypercompetition）"的特征（Aveni & Gunther，2007）。因此，战略研究的范式逐渐转向强调动态过程，研究重心是过程的动态平衡，关注环境持续的变化和企业持续进行的更新（陈朝福，2002）。战略研究范式的变化情况，如表 2 - 4 所示。

表 2 - 4 　　　　　　　　　　　企业战略范式的转变

企业战略范式	传统竞争环境	动态竞争环境
范式本质	存在	存在和生成的对立统一
战略形态	线性战略	非线性战略
战略行为	追求稳固竞争地位	持续进行战略更新
战略目标	持续竞争优势	竞争优势的持续
发展方式	连续性	跳跃性
竞争动力机制	基于市场的竞争（competition）	基于企业间关系的竞争（co-opetition）
竞争主体	各个企业之间	各个企业联盟及联盟群体之间
治理原则	市场治理和层级治理	网络治理
战略收益	报酬递减	报酬递增

资料来源：王晓东. 动态环境下的企业战略更新研究 [D]. 上海：复旦大学，2005.

战略更新（strategic renewal）是战略管理重要的研究领域之一。由于不同学者研究视角的差异，使用基础理论的不同，如组织学习、资源基础观与动态能力、组织行为理论等，导致战略更新的概念边界较为模糊，与公司创业（corporate entrepreneurship）、战略变革（strategic change）等概念较为近似，相关文献中对于战略更新的概念仍没有达成共识。

方琳（2017）对战略更新的概念进行梳理后，将概念的演变总结为"结果观""社会建构观""外延扩大"三个阶段，认为战略更新是组织中多层面特征被换新或替换的社会化建构过程，这些特征具有实质性影响企业长期发展的潜力。

施密特等（Schmitt et al.，2018）认为战略更新描述了组织变革战略意图和能力以改变原有路径依赖的过程，其中"更新（renewal）"与"公司为改变其路径依赖而进行的活动"有关，指的是重振、重新部署或替换企业当前的组织特征；"战略性（strategic）"意味着组织更新"自身赖以建立的关键理念"，是将与竞争优势相关的核心能力转化为目标的行动。更进一步，施密特等（2018）总结了战略更新应当具有的三个共性要素：（1）均包含企业核心能力及核心竞争优势的变革；（2）均涉及整个组织，并对各个组织层级产生影响；（3）均需要打破路径依赖和确保企业的长期生存。

（一）打破路径依赖

路径依赖（path dependence）概念来自自然科学领域中的生物学。相关学者在研究物种进化分叉和物种等级次序时发现，物种进化一方面决定于基因的随机演变和外部环境，另一方面还决定于基因本身存在的等级序列控制。当物种进化时，偶然性随机因素启动序列控制机制，使物种进化产生各种各样的路径，这些路径互不重合、互不干扰，这就是路径依赖的本意。经济学领域的路径依赖思想最早产生于对技术变迁的分析，美国圣达菲研究所（Santa Fe Institute，SFI）对路径依赖现象进行了深入的探讨，并通过分析"正反馈机制（positive feedback system）"，建立起路径依赖分析框架，规范了社会随机动态系统的分析方法。刘汉民（2010）认为，虽然学者研究的领域存在显著差异，但关注的核心问题都可以归结为变革和创新，即对阻碍变革和创新的因素的探究。

经济学研究认为，路径依赖是具有正反馈机制的体系，一旦在外部偶然性事件的影响下被系统所采纳，便会沿着一定的路径发展演进，而很难为其他潜在的甚至更优的体系所替代（刘元春，1999）。路径依赖主要有三个方面的特征：（1）路径依赖既表现为一种"锁定（lock-in）"状态，同时也是一种非遍历性的随机动态过程；（2）路径依赖强调了系统变迁中的时间因素，强调历史的"滞后"作用；（3）路径依赖和独立性是一枚硬币的两个方面，是相辅相成、同时并存的（刘汉民，2010）。

结合上述特征，新制度经济学领域的学者逐步建立起路径依赖分析框架，利用动态非线性随机模型来分析路径依赖现象。该方法一般包含五个步骤，如图2-2所示。

图2-2 新制度经济学路径依赖分析框架的基本步骤

从该分析框架可知，在社会系统中，要退出次优的路径依赖的变迁路径，其条件取决于形成自我强化机制的各种因素的性质，即该路径产生的递增收益是否具有可逆性和可转移性。如果收益递增的强化机制来源于固定成本和学习效应，则发生路径替代退出闭锁状态的难度就很大。因此，政府的干预和一致性行动十分重要（刘元春，1999）。

企业管理领域中，企业经营过程的战略决策及其组织实施也表现出路径依赖的特征。陈传明（2002）认为企业核心能力、企业家的行为以及企业文化等因素具有路径依赖的特征，从而影响了企业战略的调整。以企业的核心能力为例，普拉哈拉德和哈梅尔提出判别企业核心竞争能力的标准：（1）核心竞争能力具备充分的用户价值，即能够给用户提供根本的好处和效用。（2）核心竞争能力必须具备独特性。如果某项竞争能力能被行业内的所有企业普遍掌握，或能被竞争对手很容易地模仿，那么它就很难为某个企业提供持续的竞争优势了。（3）核心竞争能力应具有相当程度的延展性，即能为企业提供比较广泛的产品或市场支持，对企业一系列产品或服务的市场竞争力都有促进作用。显然，核心能力具有刚性特征。核心能力的独特性会使竞争对手难以模仿，但也导致企业自身难以变革。因为构成核心能力的载体中，有形资产总是具有一定专用性的，人力资本在某个领域中形成的特定知识和技术也需要长期的学习和实践。

因此，锁定和由此产生的路径依赖的基础是认知、资源或者两者兼而有之（Sydow et al.，2009）。故而形成两种形式的路径依赖：认知型路径依赖（cognitive path dependence）和资源基础型路径依赖（resource-based path dependence）。前者主要指存在于组织内部并影响决策的认知框架（或称主导逻辑），后者主要指由于组织拥有的互补性资产以及技术和产品本身产生的锁定。

许多文献使用路径依赖来解释过去对组织行为的各种印记效应（imprinting effects）（Beckman & Burton，2008），分析组织的刚性、黏性或者缺乏灵活性。皮尔森（Pierson，2000）分析了形成路径依赖过程的四个表征：（1）不可预测性——结果是不确定的；（2）非遍历性——可能有几种结果（多重均衡），历史在可能的选择中进行选择；（3）缺乏灵活性——行动者被锁定，不可能转向另一种选择；（4）低效率——由路径导致的行动将组织发展锁定在一个将次优方案中。

然而，如果仅仅将路径依赖的解释建立在历史问题的论点上，会使路径依赖这个概念变得模糊。赛多等（Sydow et al.，2009）提出了一个详细的框架来区分路径依赖的三个发展阶段：（1）自然选择阶段，从某一个小概率历史事件开始的行为选择；（2）形成阶段，在某些条件下，行为选择方案触发了一个正反馈机制，形成了具有自我强化特征的动力；（3）锁定阶段，关键的行为选择方案被不断地复制，最终导致组织以锁定终结，如图2-3所示。

要突破路径依赖，首先需要对组织的现有路径有清晰的认识。这需要深入分析组织的文化、结构、政策和决策模式，以揭示隐藏的惯性思维和行为模式。路径依赖形成过程的分析框架为研究者理解如何突破路径依赖提供了借鉴。针对影响路径依赖形成的社会机制进行干预，寻找可能启动路径构建过程的触发事件，有助于企业超越路径依赖，使企业成长与发展摆脱历史的阴影。虽然前述分析框架为解决战略管理问题提供了有益的分析思路，但是缺少一套可操作的退出闭锁机制的程序，导致方法存在较为突出的局限性（刘红叶和揭筱纹，2016）。

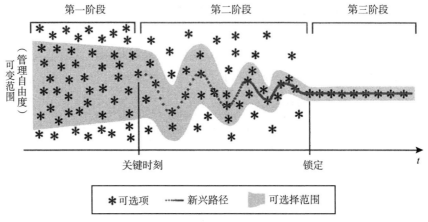

图 2 - 3　路径依赖形成过程

资料来源：Sydow J, Schreyögg G, Koch J. Organizational Path Dependence：Opening the Black Box ［J］. *Academy of Management Review*, 2009, 34 （4）：689 - 709.

除了外部环境的冲击可以帮助企业摆脱路径依赖，许多学者结合规范分析、案例研究，提出从企业内部突破路径依赖的策略，主要包括：（1）运用虚拟组织，构造战略联盟，用企业外部的战略资源支持企业内部的发展战略；（2）组织企业的知识创新，发展企业的核心能力；（3）改造企业文化，促进企业学习；（4）完善公司治理结构，在制度上保证和促进经营者行为的合理化（陈传明，2002）；（5）使用数字技术来刺激路径分叉，将数字技术融入商业模式，有助于企业开发新的价值主张，提升企业灵活性（Bohnsack et al.，2021）。

（二）核心能力及核心竞争优势的变革

资源基础理论（resource based theory）认为：基于当下所控资源与能力来选择、实施战略的企业，比那些需要在竞争性的战略要素市场上获取资源来支持战略实施的企业更有可能取得竞争优势（Barney，1991）。为了分析竞争优势来源，资源基础理论采用了两个假设。第一，处于同一产业（群体）的企业在其所控制的战略资源上可能是异质的；第二，这些资源在企业间是难以自由流动的，异质性可以长期存在。因此，并非企业的所有资源都可以成为持续竞争优势的来源。VIRO框架的提出帮助企业判别资源在构建持续竞争优势中的作用，如图2-4和表2-5所示，要做到这一点，资源必须具有四个属性：（1）有价值的（value），即能利用环境中存在的机会和（或）化解环境中的威胁；（2）稀缺的（rarity），这种稀缺性在企业所面临的当前竞争和潜在竞争中是一贯的；（3）不可能完全模仿的（imitability）；（4）能被企业的组织过程加以开发利用（organization）（巴尼和克拉克，2011）。

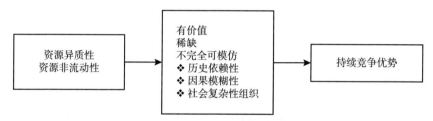

图2-4　资源与持续竞争优势的逻辑关系

资料来源：杰伊·B. 巴尼，德文·N. 克拉克. 资源基础理论：创建并保持竞争优势［M］.张书军，苏晓华，译. 上海：格致出版社，2011.

表2-5　　　　　　　　　　　　　**VRIO分析框架**

某项资源或能力				
是否有价值	是否稀缺	是否模仿成本高	是否被组织利用	对竞争力的影响（绩效）
否	—	—	否 ↑ 是	竞争劣势（低于正常）
是	否	—		竞争均势（正常）
是	是	否		暂时竞争优势（高于正常）
是	是	是		持续竞争优势（高于正常）

资料来源：杰伊·B. 巴尼，德文·N. 克拉克. 资源基础理论：创建并保持竞争优势［M］.张书军，苏晓华，译. 上海：格致出版社，2011.

需要强调的是，不论被研究的资源被命名为"资源""能力"或者"组织资本"等，资源基础理论本质上并不是真正关于资源本身的，而是关于资源成为持续竞争优势的来源所必须具备的属性（巴尼和克拉克，2011）。

核心竞争力是资源基础理论在企业战略层面的体现（马浩，2017）。根据普拉哈拉德和哈梅尔（Prahalad & Hamel，1990）的定义，就多元化经营企业而言，核心竞争力是一个企业中集体学习与智慧的结晶，是企业的某种显著的竞争力，是协调多种技术和技能的知识体系与能力，具有企业经营活动的基石与核心的作用，被广泛应用于企业的不同业务和终端产品中，在很大程度上界定企业的形象认知，属于企业总体而不属于某个业务单元。核心竞争力的形成需要跨部门的交流、参与和承诺，需要在使用中得到积累，在共享中得到增强，需要谨慎保护和精心培育。核心竞争力应该很难被对手模仿。

蒂斯等（Teece et al.，1997）集中关注企业发展新的能力作为持续竞争优势来源的能力，并将这种企业资源命名为动态能力（dynamic capability）。"动态"是指更新竞争力的能力以便于与变化的商业环境相一致；"能力"强调了战略管理中恰当地配置、整合和重组内外部组织技能、资源和职能竞争力来与变化环境的要求相匹配的重要作用。动态能力使企业能够重新配置其资源基础，当企业遇到约束时，他们会努力通过修改资源基础来填补能力差距（Capron & Mitchell，2009）。随着时间的推移，企业会发展出动态能力，用以进行特定形式的战略更新（Agarwal & Helfat，2009）。因此，动态能力是企业战略更新的重要驱动力。

国外一些学者在研究动态能力的同时，还提出了运营能力（operational capability）的概念（也被称为零阶能力）（Helfat & Winter，2011；Winter，2003）。运营能力基于效率导向，能够比竞争对手更好更有效地执行活动，被定义为维持企业生存的能力，嵌入组织惯例中并支持企业的价值创造和流程优化活动，反映了企业在稳定环境中执行基本职能活动的能力，例如市场策划、配送流程、技术能力等（崔淼和周晓雪，2021）。他们认为动态能力和运营能力之间存在层级关系，动态能力是高阶能力，而运营能力是低阶能力。瓦尔纳和韦格尔（Warner & Wäger，2019）的研究认为，企业实施战略更新时，不仅需要重构动态能力，还需要提升运营能力。

（三）科层制下战略更新的过程

传统的企业采用科层制的管理方式，企业高管利用科层权威直接指挥和控制各类资源和各层级参与者。施密特等（2018）的研究认为科层权威是推动企业战略更新的重要支撑。弗洛伊德和莱恩（Floyd & Lane，2000）将战略更新分解为三个子过程（能力定义、部署和修改），具体讨论了每个子过程高层、中层和一线管理者的角色以及面临的角色冲突，如图2-5所示。例如，在竞争力界定流程上，高层管理者扮演着批准认可角色，中层管理者扮演着捍卫角色，一线管理者则扮演着试验角色。

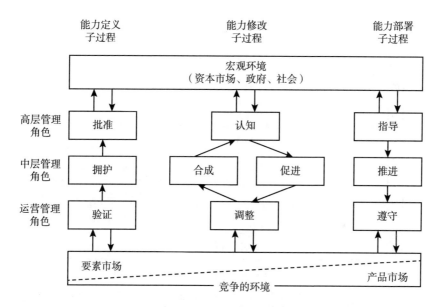

图 2 - 5　管理角色、信息交换与战略更新子过程

注：箭头表示每个子过程中的信息交换。

资料来源：Floyd S W，Lane P J. Strategizing throughout the Organization：Managing Role Conflict in Strategic Renewal ［J］. *The Academy of Management Review*，2000，25（1）：154.

方琳（2017）基于社会建构观认为战略更新过程接近于自下而上的渐进性社会学习构建过程，如图2-6所示，起点通常是在内外部背景下的个体自主或者被动的外部学习，学习的对象主要来自顾客，也有竞争对手或者其他相关者。经过了实践检验获得成功的学习动意会面临着内部战略逻辑、公司哲学的评估以及其他类似动意的竞争，最终的胜出者将更新公司的战略逻辑、经营哲学，并在全公司推广，战略更新最终实现。但是必须强调的是，其研究中所指的层次主要涉及组织中的个人、群体和组织三个层次，而非科层制所指代的高层、中层和基层。尽管自下而上的知识反馈可以促使高管修改战略决策，但高管拥有最终决策权与控制权（Floyd & Lane，2000）。战略更新研究关注的是高管的经历、价值观和个性对战略更新的影响，讨论高管如何制定和解释企业的战略更新策略（Eggers & Kaplan，2009）。

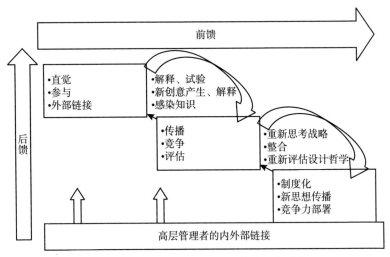

图 2 - 6　基于社会建构观认为战略更新过程

资料来源：方琳. 企业战略更新研究综述：概念、过程与未来趋势 ［J］. 经济与管理评论，2017，33（6）：67 - 76.

二、平台生态系统战略更新

随着 ICT 的广泛应用，数字平台开始大量涌现，平台连接和协调越来越多的社会和经济活动，支撑商品生产者、销售者和专业服务提供商的生存与发展。

（一）商业生态系统与服务生态系统

针对生态系统的研究，经济管理领域形成了两种主流范式，一种是商业生态系统观，另一种是服务生态系统观。

1. 商业生态系统观

商业生态系统（business ecosystem）的概念由摩尔（Moore，1993）提出，他首次将生态系统的思想运用到商业领域，认为商业生态系统是一种基于组织间互动所形成的经济联合体，企业可以将自己视为商业生态系统中的一员，通过共生演化提升竞争力和实现创新。商业生态系统是基于企业竞争战略，将企业置于生态系统中，企业间的竞争不应一味追求战胜竞争对手，而应与竞争对手共同演化。伊安西蒂和莱维恩（Iansiti & Levien，2004）将生态位的概念引入商业生态系统，认为商业生态系统中的成员占据着不同的生态位。商业生态系统的观点强调企业生态位的分离，即当不同企业使用同一资源或共同占有某环境变量时，会出现生态位重叠。企业对资源的需求越相似，产品和市场基础越相近，企业间生态位的重叠程度就越大，竞争就越激烈（祝立群，2007）。因此，商业生态系统中的成员必须找到最能发挥自身价值的生态位（Iansiti & Levien，2004）。商业生态系统中的平台更多地表现出其技术性特征，系统中的企业借助平台实现组织间信息的高效传递和知识交换。

2. 服务生态系统观

服务生态系统是一个由多个松散耦合的社会和经济参与者（资源整合者）相对独立的、自我调节的系统，系统中的参与者之间在服务交换中通过共享的制度逻辑和价值共创形成连接（Lusch & Nambisan，2015）。服务生态系统关注参与者的价值主张与价值实现，每个生态位上都存在数量不等的参与者并形成多种层次（金帆，2014），栖息于服务生态系统中相同层次的参与者表现出相同或相近的特征或偏好，各层次间的互动通过价值主张而连接，制度将促进和协调服务生态系统参与者行为，在社会情境体验中实现价值共创和服务创新。

服务生态系统强调价值共创，社会经济的一切参与者都可能成为资源整合者（Vargo & Lusch，2011），社会和经济参与者会主动相互耦合，并共同制定制度，进而推动服务生态系统形成（令狐克睿等，2018）。

服务生态系统观点认为信息技术通过对被识别对象的编码、解码，促使附着于有形物品上的信息分离出来，在这种"去物质化"（dematerialization）的过程中，通过编码，附着于有形物品上的信息可以通过互联网快速地流动，被信息的需求者利用、开发，诺曼（Normann，2001）把这个过程称为"液化"（liquidity）。物质资源"液化"程度的加深进一步引发其他相关物品的变动，使资源使用主体的行为可以被有效识别并分类，并通过对信息资源的重构，使有形资源得以克服时间、空间的束缚，在信息网络环境中大幅度提升资源的密度（density）（Lusch & Nambisan，2015）。服务生态系统中资源的液化和密度的提升依赖于平台，平台帮助参与者寻找外部互补资源，促进资源共享而非独占，从而引发产业跨界融合，使企业边界变得模糊。蒂斯和林登（Teece & Linden，2017）强调，许多基于互联网的企业倾向于追求客户增长（即价值创造）而不是利润（即价值获取）。因此，相较于商业生态系统，服务生态系统的观点更适合分析"互联网 +"环境下商业模式创新与转型问题。

服务生态系统除了强调技术，更强调制度和社会情境的影响（令狐克睿等，2018）。生态系统中的参与者存在认识距离（cognitively distant），同一生态位中的参与者之间需要相同或相近的世界观，因此社交行为所形成的精神文化体验，甚至成为参与者栖息于生态系统的首要原因。形成并维持相同或相近的世界观，依赖于特定的制度。而制度形成于参与者的大量互动行为，平台需要设计一套架构，以协调参与者行为（Lusch & Nambisan，2015），即制度安排。因此，平台的作用是通过组织、协调和数据挖掘来设计运行规则、维护系统运行，寻找并拓展价值空间。

（二）平台生态系统的管理模式

平台生态系统不同于企业—供应商关系、企业间战略网络或者科层组织结构，是介于市场与科层之间的"元组织"结构（Jacobides et al.，2018）。平台企业和各参与主体都是独立个体，尽管平台企业作为生态的领导者，对生态系统有较强的影响力，但无法像企业高管一样利用科层权威直接指挥或者控制外部参与者，而需要通过规则、标准和接口等间接手段协调参与主体的行为（Gawer & Cusumano，2002）。参与主体作为能动个体，与平台的交互过程不仅是"合作生产"过程（高良谋和张一进，2018），还存在竞合关系（Hoffmann et al.，2018），参与主体会根据战略情境的演变选择差异化的响应战略（Jacobides & Winter，2012）。因此，协调关系比控制资源更重要。

基于服务生态系统观的研究认为，参与主体的行为是通过共享的制度来协调的（Akaka et al.，2021；Vargo & Lusch，2017；Vargo & Lusch，2016）。共同的制度理念可以约束服务生态系统中参与主体的行为。规则、规范和认知是制度的三个维度（辛本禄和刘燕琪，2021），规则维度包含法律法规、公约和其他能够约束行为人行为的正式规则；规范维度包含来自规范和价值观的准则；认知维度是由一系列信念组成的，这些信念由行动者感知其所处环境的状况而产生。制度通过界定法律、道德与文化的边界对行为产生制约。同时，制度对行动者的行为选择具有支持和使能作用，通过为行动者提供引导与资源对行动者产生激励效果。

（三）平台生态系统战略更新的特点

一般认为平台企业在成长过程中会经历三个阶段，即"初创期""真空期""爆炸期"（陈威如和余卓轩，2013）。处于真空期的平台企业一旦能够有效激发网络效应，就可以突破平台生态系统自行运转与维持的用户"临界数量"。一个成功的平台企业并非仅仅提供简单的渠道或纯粹的中介服务，它更像拥有强大吸引力的旋涡，开启了多边市场间从未被挖掘的功能，从而打造出完善的、成长潜能强大的"平台生态圈"（李雷等，2016）。高良谋和张一进（2018）研究具有平台性质的企业时，提出了"产品平台—平台企业—平台生态系统"的发展路径。他认为从产品平台演化成平台企业一般需要经历四个步骤，即消费者预期、平台质量、网络效应、长尾市场开发；而平台企业向平台生态系统的演化主要依靠提升平台服务质量、开放/封闭战略的选择、整合跨界异质资源、推动多主体参与互动的循环创新。

平台型企业成长为平台生态系统仅仅是动态化过程中的一个阶段，仍然需要经历残酷的市场历练，不断壮大自己的核心产品或服务，置换落后或与系统不相匹配的外围模块，修订用户之间的交易规则（李鹏和胡汉辉，2016）。由于平台生态系统的管理模式区别于传统企业的科层制模式，因此，平台生态系统如何推进战略更新，成为亟待讨论的议题。

辛本禄和刘燕琪（2021）基于制度理论，分析参与主体受外部情境影响改变其认知和行为，并且与现行生态系统的共享制度发生冲突，受路径依赖的影响，分歧者往往会因为正反馈的存在而妥协，共享制度得以保持不变。当来自外部情境冲击的作用大于正反馈的作用，通过制度的维持无法使参与者对共享制度重新达成一致，生态系统会进入更新阶段。如果外部冲击以较温和形式出现，生态系统将通过共享制度的变迁，完成自我更新；如果外部冲击以剧烈形式出现，生态系统的共享制度将被彻底破坏，此时，以分歧者所持制度为基础的制度集合，形成新的初始制度，从而在原有生态系统的基础上生成新的生态系统，如图2-7所示。蔡宁等（2023）基于资源依赖理论，将平台生态系统视为一个由平台企业和其他参与主体组成的相互依赖的结构安排，提出一个由平台企业主导的战略更新模式，即打破平台参与者之间原有的相互依赖关系、构建新的相互依赖关系。

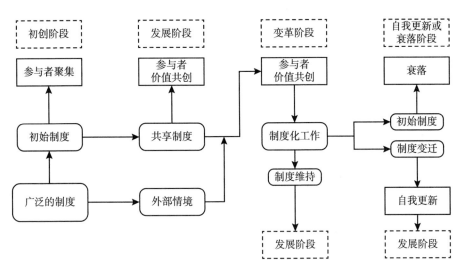

图2-7 基于制度理论的服务生态系统战略更新

资料来源：辛本禄，刘燕琪. 基于制度作用机制的服务生态系统整合模型研究［J］. 中国科技论坛，2021（1）：136-146.

第三章　网络货运的发展现状

改革开放以来，特别是 1984 年党的十二届三中全会肯定了个体经济的地位，以个体司机为主的运输形式开始大量填补运力空白，我国的公路货运开始了蓬勃发展的 40 年。随着 GDP 的持续增长，公路货运量从 1978 年的 15 亿吨增长到 2020 年的 343 亿吨，中重型卡车的保有量也从改革开放之初的 20 万辆增长到 2024 年的 960 万辆。① 由中重型卡车承担的城际运输是公路运输中的主要组成部分，约占整个公路运输市场份额的 82%，具有运输货值高、运距长、线路复杂度高等特点。② 2000 年前后，随着互联网的快速发展，公路货运市场中开始出现以车源、货源信息发布、搜索功能为主的互联网信息平台。2010 年后，物流平台发展进入爆发期，功能逐步拓展至车货信息匹配、在途信息查询、车辆调度管理，并且逐步切入结算和履约等环节，开始成为推动公路货运变革的一股重要力量。

第一节　公路货运市场的发展概况

1. 公路货运市场各项业务的占比

公路运输既是一种独立的运输方式，又是连接车站、港口和机场的重要手段，更是"门到门"运输不可或缺的一部分，占据着我国货物运输行业的主导地位。根据运输货物的重量，公路运输可进一步细分为整车运输、零

---

① 看长期，未来几年重卡很难超 100 万辆［EB/OL］.（2024 - 04 - 07）［2024 - 07 - 16］. https：//www.360che.com/news/240403/189498.html.
② 波士顿咨询公司，《中国公路货运市场发展趋势》，2021 年 12 月。

担运输和快递，各项业务的占比情况如图 3 – 1 所示。

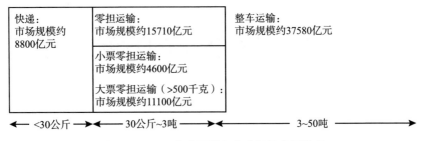

图 3 – 1   2020 年我国城际公路运输费用情况

资料来源：满帮集团招股说明书。

从各业务占比看，城际整车运输约占市场份额的 53% 左右，其后依次是大票零担（18%）、快递（11%）和小票零担（2%）。城际运输主要依靠中重型卡车完成。全国 3500 万卡车司机中，驾驶中重型卡车的司机达 1370 万（包括 920 万货车司机和 450 万工程卡车司机）。[①] 这些卡车承担了日用消费品、生产资料和工程等的运输任务，其中快递、普货、冷链等消费类产品运输占比约 42%，煤炭、钢材、大宗农产品、危化品等生产资料运输占比约 42%，其他货物的运输占比约 16%。

从需求端来看，我国物流业的发展主要由第一产业和第二产业的强劲需求驱动。根据国家统计局的数据，2023 年，我国第一产业增加值占国内生产总值比重为 7.1%，第二产业增加值占国内生产总值比重为 38.3%，第三产业增加值占国内生产总值比重为 54.6%。第一、第二产业增加值占国内生产总值比重为 45.4%[②]，而美国仅为 18.4% 左右。同时，我国初级产品生产集中于中西部地区，工业制成品生产集中于东部沿海地区，产业分布不均衡进一步加剧了城际物流运输的需求。

从供给端来看，公路货运经营者可以管控的车辆主要是自有车辆和紧密外协车辆，按照管控车辆的数量划分，如表 3 – 1 所示。根据中投公司的数

---

① 满帮集团招股说明书。

② 中华人民共和国 2023 年国民经济和社会发展统计公报 ［EB/OL］.（2024 – 02 – 29）［2024 – 07 – 16］. https：//www. stats. gov. cn/sj/zxfb/202402/t20240228_1947915. html.

据，2020 年中国整车运输市场约有 800 万家运营商，其中由中小微和个体司机管控的车辆约占 80%，平均每家运营商只有大约 4 辆卡车。

表 3 – 1 公路货运市场基本情况

市场基本情况	管控车辆					
	>3000 辆	800 ~ 3000 辆	100 ~ 800 辆	10 ~ 100 辆	<10 辆	1 ~ 2 辆
企业类型	超大型货运企业	大型货运企业	中型货运企业	小型货运企业	微型货运企业	零散司机
管控车辆占总保有量比重	约5%	约10%	约25%	25% ~ 30%	20%	10% ~ 15%
企业数量	约70家	约500家	约7000家	约8万家	约60万家	—

资料来源：波士顿咨询公司，《中国公路货运市场发展趋势》，2021 年 12 月。

具体到占比最高的整车业务，运输需求主要来源于制造企业。这些企业需要将原材料、半成品和产成品从供应商运输到制造商、分销商、零售商，直至最终客户。此外，随着近年来电子商务的快速发展，快递业务量一直保持 20% 以上的年度增长，2023 年全国快递业务量已达 1320 亿件。[①] 快递公司在进行区域配送时会首先选择整车运输。但是由于需求的碎片化程度比较高，只有 20% 左右的整车货运业务有长期合作的司机并签订有定期合同。大多数无正式合同的运输，主要依靠收费的中介公司或者熟人关系的介绍。因此，卡车司机普遍缺乏稳定和可持续的收入来源。

2. 公路货物运输的特点

综合来看，我国公路货物运输呈现以下特点。

（1）供求高度碎片化。如前所述，我国公路货运经营者以中小微企业为主，大约 80% 的经营者是只有一辆卡车的个体司机。托运人同样分散，由大量的中小企业组成。根据工信部的数据，2022 年中小微企业数量已经超过了 5200 万户。由于市场高度分散，并且在货运代理业务中存在层层转

---

① 2023 年我国快递业务量初步统计达 1320 亿件 [EB/OL]. (2024 – 01 – 09) [2024 – 07 – 16]. https：//www.gov.cn/lianbo/bumen/202401/content_6925102. htm.

包现象，使托运人难以及时找到可靠的承运人。价格谈判、承运和费用结算过程都是人为驱动的，导致交易过程长且效率低下。司机使用线下渠道寻找货源可能需要 2 ~ 3 天的时间，车辆闲置或者空驶现象比较突出。

（2）现货运输占据主导地位。由于供需双方信息高度不对称、托运人需求具有季节性以及制造业的地理分布不均匀，我国道路运输市场是现货主导的市场，现货运输需求占比较高。卡车司机完成的整车货运订单中约有80% 是现货需求。

（3）异常情况时有发生。由于不同行业的运输需求也不同，甚至同一行业的托运人也可能有不同的要求，大量的中小微运输企业和货运代理人缺少必要的知识或信息来找到最合适的承运人。此外，不仅在货运匹配方面缺乏服务标准，整个货运过程，包括定价、卡车调度、货运状态跟踪、延误预警、及时交货、标准化按时支付以及响应支持团队等方面均缺乏服务标准。同时，许多托运人并不熟悉运输路线、运输所需时间和装运损坏预防程序。当货物损坏、订单取消或延误等异常情况发生时，缺乏信任和行业标准往往会导致激烈的纠纷和延迟付款。

第二节　网络货运的发展历程

我国网络货运的发展大体上经历了物流信息服务平台、无车承运平台和网络货运平台三个发展阶段。

一、物流信息服务平台阶段（2000—2010 年）

改革开放之后，我国公路货运市场长期处于粗放式发展阶段。由于车源与货源信息高度不对称，物流服务供给方和物流服务需求方之间的货运交易行为并不顺畅。供求双方多依靠货运代理完成撮合交易。2000 年后，随着互联网的普及，一些规模较大的货运代理开始建立物流信息服务平台，支持车主或者货主将车源、货源信息在互联网平台上发布。平台通过门户网站提供包括供需信息、价格信息、行业资讯、政策法规等物流相关信息服务，吸引各类物流企业和物流需求企业聚集平台，以广告费和会员费作为主要盈利方式（邢大宁等，2016）。

物流信息服务平台的建设给彼时处于封闭状态的各个企业或政府部门所拥有的为自身服务的各信息系统带来巨大冲击，有利于打破地区封锁和行业垄断，将各地区、各行业、各部门重复建设的一些物流信息系统连通。政府可以获得管理和调控物流业发展的宏观信息，物流企业可以获得物流需求信息和货物跟踪信息，工商企业可以及时获得物流供给信息等。物流信息服务平台有利于提高社会大量闲置物流资源的利用率，起到调整、调配社会物流资源，优化社会供应链，理顺经济链的重要作用。

但是由于平台没有深入交易磋商和履约环节，无法解决货物运输过程中的实际问题，如承运过程中的责任划分、运输质量保障等。同时平台提供的信息服务比较粗放，缺少精细化管理，存在一些虚假信息问题，平台功能单一，用户黏性较差，盈利困难。

📝 典型案例

林安物流园建设中国物流信息交易平台（www.0256.cn）[①]

林安物流园由广东林安物流集团于 2003 年创建。林安物流园有第三方物流公司 400 多家进驻，信息经营户 1500 家，向下可覆盖超过 40 万辆的车源，向上链接超过 3 万家各地的工商企业，为家电、小五金、家具、服装鞋帽、农副产品、汽车等"珠三角"优势产业提供物流一体化服务（包括仓储、分拣、配送、融资、保险等）。园区采用"物流基地 + 电子商务"的运作模式，建设物流信息交易市场和网上交易的信息化平台。在提供仓储、物流配送的物流园区基础上，建设中国物流信息交易平台（www.0256.cn），平台以电子商务和网络公共平台为依托，整合国内物流行业资源，打造厂家和商家面向物流供应商的网络物流集中采购渠道。

[①] 中华人民共和国商务部流通业发展司，《第三方物流信息服务平台案例指引》，2014年2月。

二、无车承运平台阶段（2010—2019 年）

2010 年后，移动互联网迅速发展，以滴滴打车为代表的一大批互联网企业开始介入城市出租车市场，为城镇居民出行提供信息匹配服务。受此影响，公路货运市场开始出现互联网平台企业，如运满满、货车帮、罗计物流、汇通天下等，这些企业以解决车货信息实时匹配为目标，将货主和车主的需求信息汇聚到平台，通过人工智能、卫星定位、物联网、移动支付等技术应用，开展需求预测、智能定价、路线优化等多种场景，有效解决了找车找货难、车辆空驶率高、运输服务质量低、司机权益缺乏保障等行业痛点。

2016 年交通运输部出台《关于推进改革试点加快无车承运物流创新发展的意见》（以下简称《意见》），决定在全国开展道路货运无车承运人试点工作。《意见》明确指出，无车承运人是以承运人身份与托运人签订运输合同，承担承运人的责任和义务，通过委托实际承运人完成运输任务的道路货物运输经营者。因此，仅提供车货信息匹配服务的互联网平台企业是不符合无车承运人试点要求的，标志着由市场主体自发形成的，利用互联网开展信息交互并完成货物托运的物流服务开始逐步走向规范。通过开展试点工作，在许可准入、运营监管、诚信考核、税收征管等环节的制度规范方面进行探索，逐步调整完善无车承运人管理的法规制度和标准规范，创新管理方式，推动实现"线上资源合理配置、线下物流高效运行"。

此阶段中有大量互联网企业进入，由于部分企业更擅长信息服务，而不熟悉物流企业的运营管理规律，不少企业难以获得试点资格。同时，国家在此期间大力推进营业税改增值税，与无车承运人试点高度相关的政策包括《货物运输业小规模纳税人申请代开增值税专用发票管理办法》《关于开展互联网物流平台企业代开增值税专用发票试点工作的通知》，获得无车承运人试点资格的企业可以取得代开增值税专用发票资质，缴纳 11% 的增值税，随后进一步调整到缴纳 9% 的增值税，加之试点企业还可以通过税收优惠政策进行税务筹划，获得试点资格的企业在行业中具备了明显的发展优势。但是从 2018 年 10 月交通运输部网站公布的《无车承运人试点综合监测评估情况的通报》来看，2018 年上半年，试点企业运单与资金流水单匹配率仅为 19.9%，部分试点企业未实现真正意义上的无车承运，未承担全程运输责任，少数企业由于业务模式不清晰，存在沦为"开票"公司的风险。

✍ 典型案例

江苏满运软件科技有限公司的车货匹配 App 运满满①

运满满创建于 2013 年，至 2017 年底历经 8 轮融资，估值超过 10 亿美元。2017 年 11 月，运满满宣布与行业内另一家领先企业货车帮合并。合并后运满满和货车帮仍然保留原有品牌继续独立运作。根据国家信息中心分享经济研究中心发布的《中国共享经济发展年度报告（2018）》，截至 2017 年底，运满满企业员工总数近 3000 人，业务覆盖全国 315 个城市，平台注册认证司机车辆 400 万辆、货主 100 万，日成交运单 25 万单，日撮合交易额 17 亿元。运满满汇聚了全国 95% 的货物信息和 78% 的重卡运力，发展为中国乃至全球最大的整车运力调度平台。公司在完成多轮融资后，估值已经超过 10 亿美元，在行业内率先迈入独角兽企业行列。Trustdata 发布的《2017 年中国共享货运行业发展分析报告》指出，公路干线车货匹配平台司机端及货主端用户规模较 2016 年增长 120% 和 231%，司机端和货主端月活跃用户数量分别为 245.8 万和 33.8 万，运满满平台司机端和货主端活跃用户数量分别为 163.9 万和 21.1 万。

三、网络货运平台阶段（2020 年至今）

2019 年 9 月 6 日，交通运输部出台《网络平台道路货物运输经营管理暂行办法》（以下简称《办法》），将无车承运人改名为网络货运经营者，明确其概念与法律地位，并从资质、税务、准入条件、运营规范等方面作出一系列规定。《办法》明确无车承运人试点于 2019 年 12 月 31 日结束，自

---

① 满帮集团招股说明书。

2020 年 1 月 1 日起，试点企业可按照规定要求，申请经营范围为"网络货运"的道路运输经营许可。同时，《办法》指出，网络货运经营是指经营者依托互联网平台整合配置运输资源，以承运人身份与托运人签订运输合同，委托实际承运人完成道路货物运输，承担承运人责任的道路货物运输经营活动。网络货运经营不包括仅为托运人和实际承运人提供信息中介和交易撮合等服务的行为。实际承运人，是指接受网络货运经营者委托，使用符合条件的载货汽车和驾驶员，实际从事道路货物运输的经营者。

此后，交通运输部进一步提出加强网络平台道路货物运输信息化监测，要求各省级交通运输主管部门加快建设省级网络货运监测系统，对网络货运企业出现的资质异常、入网异常、轨迹异常、资金支付异常、超范围经营、超限超载运输等问题，按有关法规规章要求，依法予以查处。这一决定体现了监管部门规范网络货运经营，维护公路货运市场秩序的理念和决心。从纳入监测的企业数量以及整合的资源情况看，网络货运行业正逐步走向规范，如表 3-2 所示。

表 3-2　　　　　　　　　　网络货运行业运行基本情况

时间	监测企业（含分公司）（家）	整合社会零散运力（万辆）	驾驶员（万人）	完成运单量	未上传运单的企业		未按要求上传驾驶员位置信息的企业	
					数量	占比（%）	数量	占比（%）
2021 年	1968	360	390	6912 万单	260	13.21	431	21.90
2022 年	2537	594	522	9401 万单	660	26.01	372	14.66
2023 年	3069	798.9	648	1.3 亿单	—	—	—	—

注：2023 年度未上传运单的企业、未按要求上传驾驶员位置信息的企业两项未公布数据。
资料来源：交通运输部网站。

虽然网络货运的盈利依旧困难，但排名靠前的网络货运企业的商业模式日益清晰，以满帮、福佑、路歌、货拉拉、快狗打车等为代表的头部企业开始谋求上市融资。随之而来的，必然是市场的加速洗牌和集中度的快速提升。通过服务、运营管理、增值产品等提升市场竞争力并实现盈利，将成为众多网络货运企业赖以生存的关键。

典型案例

合肥维天运通信息科技股份有限公司（品牌名"路歌"）①

合肥维天运通信息科技股份有限公司成立于2010年，是国内领先的全链路数字货运服务商。2013年，路歌发布全链路线上交易的数字货运平台，为托运方提供具有针对性的覆盖运力调度、运单管理、运输过程跟踪监控、运费支付与结算等运输业务全链路的线上化、数字化解决方案。通过数字化运力采购、数字化业务运作、数字化财务结算三个环节，路歌帮助物流企业构建标准化的内外部协同流程，对内打破部门壁垒，对外打开管理边界，提升全链路管理能力，助力物流企业实现业务全流程的数字化。经过多年发展，路歌现已形成"全链路数字货运 + 货车司机社区 + 车后服务"多种新业态为一体的生态结构。截至2021年末，其全链路数字货运业务已为超过9600家托运方及230万名货车司机提供了服务，完成总计超过2870万份托运订单，服务网络已覆盖全国。2021年路歌全年线上总交易额（gross transaction value，GTV）达到380亿元人民币，整体规模稳居行业第一梯队。公司旗下卡友地带，致力于打造货车司机互助交流社区，截至2021年末，线上注册用户超过270万，线下互助分部覆盖全国32个省份298个城市。

第三节 网络货运的业务模式分析

从运输需求计划来看，约80%的运输需求是有计划的，并且其中的约80%以合同形式来确定。剩余约20%的计划性运输需求以临时用车满足，以应对市场的不确定性。按照这一标准划分，以合同形式确定的运输业务约占市场份额的64%，以即时匹配形式确定的运输业务则占市场份额的36%。不同运输业务存在明显不同的难点和痛点，公路货运企业或者互联网企业据

---

① 合肥维天运通信息科技有限公司（简称"路歌"）招股说明书。

此提出了一些解决方案，形成了具有典型特点的商业模式。由于商业模式创新的类型比较多，本书仅针对目前市场中的三家头部企业——满帮、福佑和路歌，从基础业务和衍生业务两个方面进行针对性研究。满帮集团主要从零担运输需求出发，以小企业、个体作坊以及部分大企业为目标客户群，通过运满满和货车帮平台对接零散个体运力资源，来解决车货匹配问题；福佑卡车主要从整车运输出发，以大企业为目标客户群，解决客户的运输需求，如图 3-2 所示。与满帮和福佑从货主端切入细分市场的做法不同，路歌则主要从车主端切入，围绕解决运输风险，建立运力池资源，对接运输需求方。

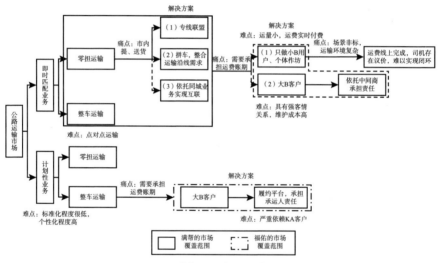

图 3-2 满帮、福佑的客户群体分析

一、基础业务分析

（一）满帮的基础业务分析

满帮的基础业务是线上信息撮合，货主和司机可以直接在平台上发布货运需求信息和运力供给信息，信息匹配主要包括电议模式和"一口价"模式（周熙霖和魏炜，2022）。电议模式下个体司机看到货运需求信息后可以直接与货主电话联络，商议运输价格和支付方式，通过平台进行支付的可以在平台上与货主签订协议并承运；"一口价"模式即抢单模式，个体司机根据货主发布的运输需求和运输价格直接抢单，抢单成功的司机直接根据订单中的运输价格与货主签订协议，如图 3-3 所示。满帮不参与运力交付环节，但会对注册司机的资质进行审核，确保注册信息的真实性，并在每次运输前向司机收取押金，以控制交易风险。

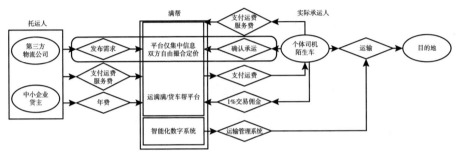

图 3-3　满帮的基础业务系统

资料来源：周熙霖，魏炜．整车货运平台企业的商业模式竞争［J］．清华管理评论，2022 (11)：32-40.

满帮向双边会员收取的服务费用，主要由三部分构成，一是向货主收取的会员费，普通会员 688 元/年，每年最多可发布 100 个订单，尊享会员 1688 元/年，每年最多可发布 1688 个订单；二是向司机收取技术服务费，采用分成模式，佣金率约 1%；三是向货主收取的服务费，采用分成模式，一般是运费票面金额的 6% 左右（包含增值税发票税点）。

（二）福佑的基础业务分析

福佑的基础业务是无车承运，货主在平台发布货运需求订单后，福佑会根据大数据分析提供智能报价，如图 3-4 所示。货主对报价无异议时，可以直接与福佑签订合同，不需要与实际承运司机沟通。获得订单的福佑会在内部的经纪人竞标平台进行招标，货运经纪人匿名竞价，价低者中标。中标的经纪人自行调配与自己相熟的个体司机或者车队负责后续的承运工作。作为无车承运人，福佑主要承接大型物流公司干线运输外包业务，为分包方提供两个月左右的账期，并承担运输风险。福佑通过核心数字中台 ForU Brain

进行运输环节的监管，进行风险管控。

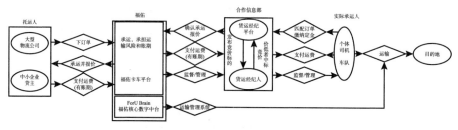

图 3 - 4 福佑的基础业务系统

福佑的收入主要依靠运费差价，即向客户收取较高的运输费用，然后通过竞价平台压低支付给货运经纪人的运输费用。根据福佑的招股说明书，实际服务费率约 4%。

（三）路歌的基础业务分析

路歌的基础业务是平台信息服务，通过快路宝、好运宝、管车宝等数字化工具帮助货主进行车辆调度、货物在途管理与监督、运费在线结算等服务，同时通过对前端业务数据的实时分析，帮助货主了解运力、运价情况，如图 3 - 5 所示。大量的车货匹配活动由货主和车主在平台外协商完成，路歌既不提供撮合服务，也不完全承担运输风险。

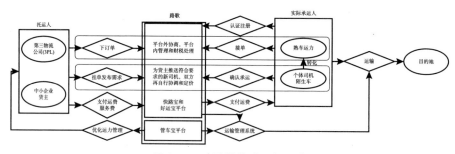

图 3 - 5 路歌的基础业务系统

路歌的收入主要来源于运费分成，在不提供新增运力资源的情况下，路歌为货主创造的增量价值低于满帮和福佑，实际的服务费率也比较低。当货主的熟车资源不足时，需要使用公共运力池资源中的个体司机或陌生车主时，路歌可以为货主创造更大的增量价值。

二、衍生业务分析

在提供基础业务之外，网络货运企业普遍拓展丰富的衍生业务。常见的衍生业务有以下两类。

（1）开具增值税发票。由于各地方政府的退税政策和经济发展奖励政策，获得网络货运经营资格的企业为货主或小规模纳税人开具增值税发票，成为影响许多网络货运企业生存的关键。满帮、福佑等企业的招股说明书显示，即使排名靠前的头部企业，仍然高度依赖各种政府的奖励资金以维持盈利或减少亏损。

（2）提供各类增值服务，主要包括货车销售、车辆保养、线上加油充值、ETC 充值、货运保险、小微贷款和各类供应链金融服务。

衍生业务具有三个方面的作用：一是完善增值税抵扣链条，为客户企业减轻税负压力；二是弥补基础业务盈利能力的不足；三是优化货运服务生态系统，帮助网络货运平台稳定用户规模，扩大网络效应。

第四章　网络货运政策体系评估研究

　　网络货运是移动互联网技术与货运物流行业深度融合的产物。按运输费用计算，2020 年公路货运总市场规模达到 6.2 万亿元。我国公路货运的市场规模很大，但是约 80% 的公路货运承运人为个体司机。[①] 他们对运费的议价能力弱，付款账期没有保障。网络货运的出现，引发了公路货运行业生态的剧变。传统的货运中介业务逐步被车货匹配平台替代，涌现出许多新的商业模式，在一定程度上促进了公路货运业的高质量发展。根据中国物流与采购联合会的数据，截至 2023 年 12 月底，全国网络货运企业数量已达 3069 家，接入社会运力 798.9 万辆车和 647.6 万名驾驶员；2023 年全年共上传运单1.3 亿单，同比增长 40.9%。[②]

　　在培育新业态的过程中实施有效监管，从而促进行业健康发展，需要政策的支持（尤美虹等，2019）。自 2011 年《交通运输"十二五"发展规划》首次提出无车承运人概念以来，国内陆续出台了一系列有关无车承运人和网络货运的政策文件，涉及交通运输部、国家税务总局、财政部等多个部委。这其中有两份文件是具有里程碑意义的。一是 2016 年《交通运输部办公厅关于推进改革试点加快无车承运物流创新发展的意见》（以下简称 115 号文件），推出了无车承运人试点，标志着由市场主体自发形成的，利用互联网开展信息交互并完成货物托运的服务将逐步走向规范。115 号文件是国家第一次以无车承运人的概念来界定公路货运互联网平台企业这种新兴的市场主体，初步明确了对于平台经济的监管，不仅要以政府作为监管主体，也要引

[①]　满帮集团招股说明书。
[②]　交通运输部网络货运信息交互系统。

入平台企业作为监管主体，即包括公共监管和私人监管的双重监管体系（王勇和冯骅，2017）。二是 2019 年《网络平台道路货物运输经营管理暂行办法》（以下简称 12 号文件），将无车承运人改名为网络货运经营者，明确其概念与法律地位，体现了监管部门规范网络货运经营，维护公路货运市场秩序的理念。

但是目前无车承运人、网络货运政策研究的关注点偏重于政策制定环节（戴定一，2016；贺登才，2019），而针对政策评估的研究，开展得还不够充分。作为政策过程的重要环节，政策评估是政策制定和政策执行科学化的重要保障（郭俊华，2010）。本书以 115 号文件为重点，运用 S – CAD 方法对无车承运人试点政策的实施效果进行评估与分析，同时结合 12 号文件的政策意图，为网络货运相关政策更好地指导和规范行业发展提供参考，以便不断优化网络货运相关政策，提升政策的实施效果。

第一节　S – CAD 评估方法及无车承运人试点政策评估框架

一、政策评估 S – CAD 方法

关于公共政策评估方法的研究，西方国家有理性派和渐进派两大主流派系（梁鹤年，2009）。理性派认为所有决策都包含六个部分：环境（形势）、决策者、目标、供选政策、取舍准则、选择。但是理性派的方法忽略了政策实践中的复杂性。确定政策目标、评估政策实施效果等并非完全中立。渐进派认为"完全理性"是绝不可能实现的，政策都是过往政策的延伸，应以最少量的修改去适应环境的变动。但是渐进派的主张对于解决新问题是无效的。梁鹤年（2009）认为理性派与渐进派的主张并非完全对立，理性派关注问题解决的思路和实用的工具，渐进派则更多的是考虑政治，而且是狭义和保守的政治。

S – CAD 方法是对理性派和渐进派方法的借鉴与发展，从一个选定的主

导观点（subjectivity）出发，从一致性（consistency）、充要性（adequacy）和依赖性（dependency）三个方面对公共政策作全方位的系统分析，即在确定分析观点之后，对分析对象的效应、效率和实现的可能性进行分析（寇杰和何桢，2015）。

二、无车承运人试点政策评估框架

1. 无车承运人试点政策出台的背景

传统公路货运业市场规模很大，但市场集中度很低，约80%的运力是个体车主和司机，高度分散的货运市场呈现出四个方面的突出问题。

（1）货运市场主体数量多、规模小。改革开放后，为了激发市场活力，缓解市场中运力不足的问题，交通运输部放宽个人购买货运汽车的限制，允许个体经营者进入运输市场。由于进入门槛不高，大量个体经营者涌入，运力供给能力大幅提升。但是个体经营者普遍存在规模小、抗风险能力弱的问题，难以满足客户多样化、高品质的运输需求（传化慈善基金会公益研究院"中国卡车司机调研课题组"，2019）。

（2）信息不对称现象比较突出。由于市场高度分散，货源信息和运力信息分离，货主寻找可靠的车主通常耗时较长，并且需要借助信息中介间接寻找车主开展货运运输。货物堆积而运力闲置现象并存，车辆空载率高，货运市场的运行处于混乱状态（刘汉民，2010）。

（3）缺乏有效的市场监管制度。货物运输承托双方存在大量的口头合同，双方的责任、义务不明晰，出现货损、运费争议等问题时，极易引发违约、毁约和骗货等违法行为（崔红建和马天山，2010）。相关政策对于货运代理人的登记注册不设立开业条件，监管存在盲区（黄少波和李挥剑，2016；董娜，2011）。货代企业不当得利，甚至卷货外逃的现象时有发生，扰乱了市场秩序。

（4）"营改增"导致企业成本增加。"营改增"试点扩围至物流业后，部分非税收入转变为应税收入，公路货运可抵扣的进项税额为燃油费、新购车辆费、维修费。但是由于抵扣链条不完整、进项税额抵扣不足等问题的存在，企业成本增幅过高，外逃避税现象比较突出。

2010 年受滴滴打车等互联网企业的影响，以解决车源和货源信息匹配（以下简称车货匹配）为目的，货运市场中陆续出现了一批公路货运互联网平台企业，如运满满、货车帮、罗计物流、汇通天下等。这些企业利用数字技术，将货主和车主的需求汇聚到平台中，促使货运需求和闲置运力在时间、空间、车辆装载等维度上合理匹配。在解决行业发展难题的同时，由于大量资本的涌入，货运平台的数量快速增加，开始出现一些新问题。

（1）同质化竞争严重。虽然切入点不同，但是商业模式比较近似（崔忠付，2021）。大多简单复制客运出行模式，对于标准化程度比较低的公路货运业务缺少有针对性的解决方案，也不能很好地解决用户对于支付、在途追踪等方面的需求。为了激发网络效应，平台必须获得足够多的货主和车主用户并保持活跃，补贴成为平台企业竞争的主要手段。

（2）责权利结构失衡。平台作为第三方中介组织，需要承担哪种责任缺少清晰的界限。尤其在风险控制方面，由于平台型企业普遍是"轻资产"运营，业务活动的风险控制与资产脱钩。明晰责任、规避风险，是市场健康稳定发展面临的难题。

基于公路货运市场的现状以及互联网与公路货运深度融合产生的新问题，交通运输部推出了无车承运人试点政策。

2. 评估框架

根据对 S－CAD 方法的介绍，针对 115 号文件，按照 S－CAD 方法应完成四个步骤（康晓琳等，2014）：第一步，确定政策出台的主导观点方，明确主导观点方的立场或价值观；第二步，从主导观点方的价值观出发，分析价值观与政策目标、实施手段和预期结果之间的逻辑与因果关系；第三步，比较政策设计的预期结果与实际结果、政策设计是否符合逻辑、考虑是否充分、是否具有一定的先见和远见；第四步，发现当前存在的实际问题，对政策作出评价并提出建议。根据上述四个步骤，构建适合于 S－CAD 方法的115 号文件分析，如图 4－1 所示，并对各要素进行分析。

115 号文件的发布，其背景是无车承运新业态的蓬勃兴起和快速发展，交通运输部把握了这一新形势，因势利导，借势推动物流业转型升级。交通运输部是主导观点方。由价值观衍生出的目标，主体同样是交通运输部。在所采取的具体手段中，交通运输部对各省级交通运输主管部门提出了比较明确的任务要求，也赋予各地一定的自主权，负责试点工作的组织实施。因此，手段的主体是各省级交通运输主管部门。115 号文件包含了交通运输部出台无车承运人试点政策的预期结果，并且明确了通过国家交通运输物流公共信息平台开展运行监测，以检验其实际结果。

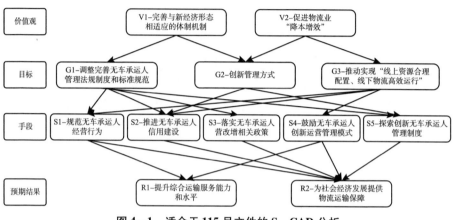

图 4 – 1   适合于 115 号文件的 S – CAD 分析

S – CAD 分析中各要素包括以下内容。

（1）政策立场。115 号文件的政策立场是无车承运人试点政策出台时交通运输部对无车承运人发展和管理所秉持的价值观，即完善与新经济形态相适应的体制机制（V1），促进物流业"降本增效"（V2）。从国家层面统筹行业创新发展与有效监管，为物流业发展注入新动能。

（2）政策目标。115 号文件是为了通过试点，探索并完善许可准入、运营监管、诚信考核、税收征管等环节的制度规范，为行业的合规发展提供保障。在 115 号文件的价值观下，依据政策出台的背景和政策文件本身，115 号文件主要有三个政策目标：调整完善无车承运人管理的法规制度和标准规范（G1），创新管理方式（G2），推动实现"线上资源合理配置、线下物流高效运行"（G3）。

（3）政策手段。手段是指采取的方法和步骤，主要涉及需要使用的工具、调动的资源、行动的时间和流程。政策手段通常表现为组织、技术、制度和行政等方面（梁鹤年，2009）。115 号文件的政策手段主要包括五项：

规范无车承运人经营行为（S1），推进无车承运人信用建设（S2），落实无车承运人营改增相关政策（S3），鼓励无车承运人创新运营管理模式（S4），探索创新无车承运人管理制度（S5）。这些政策手段的具体细节可以归纳为技术手段、制度手段和行政手段三个方面，如图4-2所示。

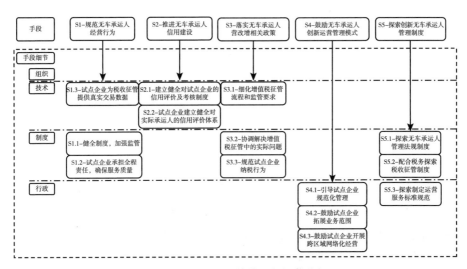

图4-2　115号文件的手段细节分析

①技术手段。试点企业为税收征管提供真实交易数据（S1.3），建立健全对试点企业的信用评价及考核制度（S2.1），试点企业建立健全对实际承运人的信用评价体系（S2.2），细化增值税征管流程和监管要求（S3.1）。

②制度手段。健全制度，加强监管（S1.1），试点企业承担全程责任，确保服务质量（S1.2），协调解决增值税征管中的实际问题（S3.2），规范试点企业纳税行为（S3.3），探索无车承运人管理法规制度（S5.1），配合税务探索税收征管制度（S5.2）。

③行政手段。引导试点企业规范化管理（S4.1），鼓励试点企业拓展业务范围（S4.2），鼓励试点企业开展跨区域网络化经营（S4.3），探索制定运营服务标准规范（S5.3）。

（4）政策的预期结果。政策的预期结果是指在政策尚未实施前，政策制定者依据政策目标和手段所期望达到的效果。115号文件的预期结果是提升综合运输服务能力和水平（R1），为社会经济发展提供物流运输保障（R2）。

第二节　无车承运人试点政策的评估分析

政策评估分析借助 S－CAD 方法，对 115 号文件的内在逻辑性、充要性、依赖性和实施效果进行分析。发现文件实际运行过程中，预期结果与实际结果之间存在差异的深层次原因。

一、逻辑分析

1. 价值观与目标的一致性

从对政策出台背景分析可知，大量个体司机参与和过低的市场集中度，使公路货运市场不仅难以实现规模经济效应，还引发了一系列潜在市场风险。随着"营改增"政策扩围，企业为降低运营成本所采取的避税措施形成了新的政策风险。互联网行业对公路货运市场的渗透，引发了公路货运业的大变革，行业发展的核心矛盾转向风险控制、责任边界与资产脱钩，亟须建立新的责权利均衡制度。115 号文件推出无车承运人试点，是从中央的政策立场/价值观出发，为行业发展提供宏观指导。

与 V1 有逻辑关系的目标包括 G1 和 G2。体制是管理机构和管理规范的结合体。115 号文件中将无车承运人视为新经济形态中的一种重要主体，通过调整完善针对该主体的管理机构和管理规范，以适应"互联网＋物流"这种新经济形态的发展。机制是系统各要素之间相互联系和作用的关系。机制的完善除了要建立制度，也要不断优化各要素之间的相互作用关系，在新经济形态下，需要创新管理方式。因此，判断 G1 和 G2 衍生于 V1 是合理的。

与 V2 有逻辑关系的目标包括 G2 和 G3。无车承运人的概念借鉴了海运中的无船承运人。早期的无车承运人企业主体多数脱胎于公路运输中原有的货运代理企业。115 号文件出台前，在交通运输部的多个文件中，无论是规范管理，还是管理方式创新，都将货运代理、无车承运人、无船承运人等企业作为一种类型，并未提及无车承运人需要建设物流信息平台。2016 年 7 月发布的《综合运输服务"十三五"发展规划》才首次明确"鼓励与规范轻资产平台型物流企业发展，推动其向无车承运人等经营主体转型。"115号文件则对参与无车承运人试点的企业提出了"搭建物流信息平台"的要求。V2是期望借助于无车承运人，以线上线下相结合的方式来改善公路货运业资源配置效率低的现状，并且在一定程度上破解行业发展中存在的固有难题。因此，判断G2和G3衍生于V2是合理的。

2. 目标和手段的一致性

考虑到图4-1已经反映出逻辑关系的基本情况，因此以下主要针对不具逻辑关系的元素，分析是否存在矛盾，如图4-3所示。S4重在引导而非规范试点企业发展，显然不是衍生于G1，但与G1并不矛盾。S1、S3和S4不是从G2衍生出来，但是三者与G2并不矛盾。S1是对无车承运人经营行为的进一步规范，包括对省级主管部门的要求、参与试点企业应完成的工作及承担的责任等，S3要求落实无车承运人营改增相关政策，S4除了要求省级主管部门引导试点企业发展外，提出了鼓励试点企业发展的两个方向，即拓展业务范围、开展跨区域网络化经营。S3和S5同样与G3并不矛盾。

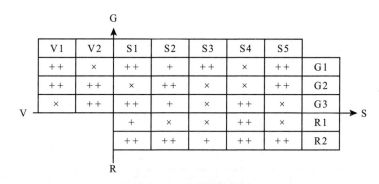

图4-3　逻辑评估分析

注：++表示非常相关，+表示相关，×表示不相关，-表示矛盾，——表示非常矛盾。

3. 手段与预期结果的一致性

推动无车承运人信用体系建设S2可以强化对企业失信行为的监管，通过信用黑名单等手段规避失信企业的违约、毁约和骗货等行为，促进货运市场规范发展。但是这种手段对于提升货运服务能力是长期的和潜移默化的。因此手段 S2 虽然并不能直接提升综合运输服务能力，但是与预期结果 R1 并无矛盾之处。同理，S3 和 S5 是对营改增政策的落实和对无车承运管理制度的探索，本身不直接作用于 R1，但它们与 R1 并无矛盾。

总体而言，该政策在价值观与目标、目标和手段、手段与预期结果等方面不存在矛盾的元素，可以通过逻辑分析。以下进行经济分析，判断政策运用的资源是否存在浪费、误用等情况，以评价政策的效率。

二、经济分析

广义的资源不仅包括物质资源，还包括人力资源、政治资源，以及信息和时间（梁鹤年，2009）。经济分析本质是对资源投入和使用效率的分析，主要包括必要性和充分性两个部分。不必要的努力意味着重复和浪费，不充分的努力会导致失败和损失。根据 S-CAD 方法，必要性分析在充分性分析之前。如果必要性分析不支持，则无须再进行充分性分析。无论是充分性分析，还是必要性分析，都包含个别分析、整体分析和外部分析三个步骤。各要素之间的经济评估分析如图 4-4 所示。

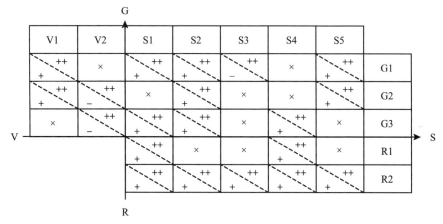

图 4-4 经济评估分析

注：++ 表示非常必要或非常充分，+ 表示必要或充分，× 表示不相关，- 表示不必要或不充分。 表示 必要性／充分性。

1. 目标与价值观的经济分析

在目标与价值观的必要性分析中，个别分析研究每一个目标对于满足一个或一组特定价值观的必要性；整体分析研究同时考虑其他目标时，该目标是否必要；外部分析研究考虑其他相关政策之后，该目标是否仍然必要。

从完善体制机制（V1）来看，目标 G1 和 G2 无疑是非常必要的，既要有制度规范，也要有管理方面的创新。作为平台经济的典型代表，针对无车承运人的准入、安全运营监管、诚信考核、法律责任等问题，既有的监管体系并不能很好地支持无车承运人的创新发展。通过数据比对监测试点企业运行，并且对异常数据进行及时处理，建立与传统监管方式有显著差异的新型管理方式，是 115 号文件所坚持的重要工作思路之一。从促进"降本增效"（V2）来看，G2 立足于减少制度性成本，G3 立足于减少由于信息不对称产生的交易成本过高和市场效率损失，两个目标是非常必要的。

目标与价值的充分性分析主要考察一个或一组目标是否充分代表某个价值观。对于价值观 V1，体制机制是一个需要不断完善的过程，从 G1 和 G2 两个目标来看，基本可以代表 V1，但是对于价值观 V2，"降本增效"包含的内容更加丰富，G2 和 G3 两个目标并不能充分代表 V2。由于"价值观"往往比较宏大，并非靠一两个政策就可以实现，从这个角度来说充分性不足也属于正常的现象（王志锋等，2017）。

2. 手段与目标的经济分析

借鉴以上分析步骤，手段 S1、S2、S3 和 S5 对于目标 G1 是十分必要的。它们分别从许可准入、运营监管、诚信考核和税收征管四个方面来完善无车承运人管理法规制度和标准规范，其中对"准入—运营—考核"三个环节的监督和管理形成了完整的闭环，税收征管措施是物流平台企业最为关注的，如何不涉及税收征管问题，试点政策的吸引力会大大下降。从充分性来看，手段不充分的普遍原因是资金、资源配套不足。115 号文件作为一项推进改革试点的政策，手段 S1、S2 和 S5 体现的是中央政府的监管思路，如何让制度真正落地还依赖于各省级交通运输主管部门因地制宜形成具体的管理办法，并配套相应的资金或资源。115 号文件出台后，各地方政府陆续出台了相应的文件。因此仅从 115 号文件看，手段 S1、S2 和 S5 是基本充分的。而手段 S3 涉及落实财政部和国家税务总局的相关政策，需要与相关部门沟通，与 115 号文件之外的其他政策配合。国家税务总局于 2017 年相继出台了《货物运输业小规模纳税人申请代开增值税专用发票管理办法》《关于开展互联网物流平台企业代开增值税专用发票试点工作的通知》等。因此手段 S3 是不充分的。

同理，手段 S2 和 S5 从信用建设和管理制度方面进行探索，信用体系建设对于完善宏观制度环境、促进物流市场建设具有重要推动作用（王静，2018），无车承运人作为平台经济发展中的典型代表，围绕运输安全、依法纳税和诚实守信等方面进行的管理制度探索不仅促进行业本身的发展（尤美虹等，2019），也有利于推动形成针对平台经济发展的管理制度。因此，手段 S2 和 S5 对于创新管理方式（G2）是十分必要的，也是基本充分的。对于实现线上线下互动的目标 G3，涉及资源数字化后的信息交互、数据安全，以及实体资源的智能调度、智慧定价等，手段 S1 和 S4 围绕市场主体的试点运行、试点企业监管提出的方案是十分必要的；手段 S2 通过信用体系建设改善市场环境，以减少车主和货主之间交易活动的"摩擦力"（李新庚，2010），对于实现目标 G3 也是十分必要的。但是囿于具体执行需要各省级交通运输主管部门的管理办法，这些手段仅是基本充分的。

3. 预期结果与手段的经济分析

预期结果与手段的必要性关注政策的结果能否证明所选手段和所用资源是必要的。对于预期结果 R1，能力提升离不开市场参与主体的创新发展和规范化经营，商业模式创新有助于提升新创企业绩效（迟考勋和邵月婷，2020），从而促进整个无车承运行业的运输服务能力提升；服务的规范化可以减少服务的异质性，通过形成标准化的服务产品来提升服务资源的使用效率，进而提升服务能力。因此，S1 和 S4 对于 R1 是十分必要的。对于预期结果 R2，希望为社会经济发展提供物流运输保障，根据公路货运业市场存在的突出问题可知，市场发展既要加强监管，也要鼓励创新，通过构建公平竞争的市场环境，来形成良性发展态势，以便更好地支撑社会经济发展。因此，115 号文件的 5 项手段对于 R2 都是十分必要的。

充分性分析是从结果出发来衡量手段成功的程度。115 号文件是一项推进改革试点的政策，其执行一方面依赖于各省级交通运输主管部门制定具体实施方案，这些方案具有很大的自主性和随意性；另一方面政策还需要财政、税务等多部门协同，在试点过程中探索优化方案。因此，仅就 115 号文件来看，政策的具体实现工具并不十分清晰，判断预期结果与政策手段的呼应基本充分。

三、依赖性分析

1. 利益相关者分析

交通运输部作为政策的制定者和具体的推进者，是最重要的利益相关者。各省级交通运输主管部门是试点企业的直接主管单位，税务部门作为税收征稽使用单位，是重要的利益相关者。115 号文件最直接的利益相关者是进入试点的无车承运企业。文件同时会对未能进入试点的物流企业产生影响，因此非试点企业也是利益相关者。

2. 利益相关者对政策的态度分析

（1）交通运输部。115 号文件虽然只是一份推进无车承运人试点的文件，但交通运输部加快物流新业态发展的态度是明确的，思路是清晰的。在此后试点的三年时间内，又接连发文[①]要求做好试点工作。国家交通运输物流公共信息平台管理中心按照《无车承运人试点综合监测评估指标体系》要求，定期汇总上报试点企业监测评估结果，发现运营不规范、监测异常率较高且拒不整改、情节严重的试点企业，终止企业的试点资格。这一行业监管方式的改革探索，开创了从证照审核管理转换到数据监管的新模式。根据 2019 年底的数据，229 家无车承运人试点企业整合货运车辆 211 万辆，车辆利用率提高约 50.0%，较传统货运交易成本降低了 6 ~ 8 个百分点。[②]试点工作进展取得明显成效，对带动行业转型升级、促进物流业降本增效发挥了积极作用。

（2）省级交通运输部门。各省交通厅对于无车承运人试点工作的态度

---

① 《交通运输部办公厅关于进一步做好无车承运人试点工作的通知》《交通运输部办公厅关于深入推进无车承运人试点工作的通知》。
② 《中国交通的可持续发展白皮书（中文）》，https：//www.mot.gov.cn/zhuanti/transport/chengguowj/，2021 年 5 月 28 日。

十分积极，制定无车承运人试点工作实施方案，推进无车承运人试点工作。在此后试点的三年时间内，结合交通运输部的文件也陆续出台无车承运试点运行监测、无车承运试点运行考核细则等文件，对试点政策取得明显成效提供了有力支撑。

（3）税务部门。"营改增"全面推进后，物流行业存在的纳税不规范、标准多样化以及实际进项抵扣难等一系列问题全面爆发，互联网技术在物流业的渗透为解决物流业增值税纳税规范化问题创造了可能，建立促进税收义务履行和广税基低税负的共享经济相关税收制度（秦思楠，2022），把实际征收率提上去，促进形成公平竞争的市场环境。115 号文件既是一个契机，也是促进政府部门间协作，解决某个行业中共享经济发展在政府机构间利益协同的一种尝试。但是无车承运企业虚开增值税专用发票的问题同样比较突出，严重扰乱了税收监督秩序。因此，税务部门对 115 号文件总体上是慎重支持的。

（4）入选无车承运试点企业。试点企业对 115 号文件无疑是支持的。试点伊始，企业最为看重的是税务筹划。试点政策提出协调解决增值税征管中开票资格、进项抵扣等问题，为试点企业降低税负创造了条件。此外，试点企业利用"税务洼地"获得财政补贴，使得部分地方开票额突破当地税务部门历史纪录，也从另一个侧面反映了政策的吸引力。除税务筹划外，试点政策引发的商业模式创新，使得行业竞争要素发生了显著改变，数据资源成为核心竞争力之一，业务流程再造能力成为企业获得竞争优势的重要支撑。

（5）非试点企业。115 号文件作为一项试点政策，必然对非试点企业产生影响。由于对参与试点企业有明确要求，"要如实、准确、及时报送全部无车承运业务单证，避免数据露报、错报，降低运单综合异常率"，需要试点单位的紧密配合，接受政府机构的监管。同时，试点企业要在包括货源、车源组织，运营管控，风险承担等方面具备足够的能力，保证可控，不出大的纰漏。即试点企业既要愿意被监管，也要有能力被监管。因此，对于未能进入试点，或者进入后又退出的企业，总体上并不排斥 115 号文件。

四、评估结论

在政策的效应方面，根据逻辑分析，115 号文件的逻辑性较强，政策的目标明确、政策手段条理清晰，各要素之间并无矛盾。因此，该政策可以实现其目标。

在政策的效率方面，根据经济分析，政策要素之间普遍存在必要但不充分的情况。115 号文件的目标没有充分反映价值观，可能会导致政策在执行过程中出现偏差。政策的手段并不非常充分，在很多方面提出了思路，却缺少可操作的措施，依赖于各省级政府出台的细则，因此在实施的过程中可能会因各省级政府执行标准不统一，而使政策的目标无法充分实现。

在政策的法理方面，根据依赖性分析，115 号文件的可行性较好。政策内容围绕公路货运市场存在的突出问题，以创新促改革，通过试点保证政策不出现大的纰漏，对利益相关者没有主观上的限制和伤害。短期来看，会在小范围内对非试点企业产生影响，但长期来看有利于整个市场的健康发展。

第三节 网络货运经营者政策再评估

随着无车承运试点政策三年期限到期，交通运输部和国家税务总局在总结无车承运试点经验的基础上，于 2019 年 9 月出台 12 号文件，初步构建起网络货运经营监督管理的制度体系。相较于 115 号文件以指导意见的形式发文，12 号文件升格为管理暂行办法，属于行政规范性文件。同时，12 号文件改由交通运输部和国家税务总局联合发文，反映了经过无车承运人试点后，税务问题对政策实施效果的重要影响以及中央两部门协同配合的决心。为聚焦重点内容，仅列出 12 号文件的评估框架，如图 4 - 5 所示，不再进行逻辑分析、经济分析和依赖性分析。

12 号文件的两个价值观分别为促进平台经济规范健康发展（V1）和促进物流业"降本增效"（V2），通过对比图 4 - 1 和图 4 - 5 可知，两个文件的价值观 V1 略有调整，从"完善与新经济相适应的体制机制"修改为"促进平台经济规范健康发展"，意味着经过三年的试点，中央政府对于体制机制的探索取得了初步成效，后续将围绕建立健全新型监管机制，促进规范发展和健康发展等工作展开。

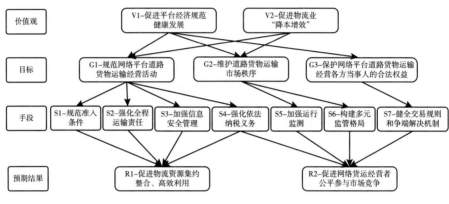

图 4 - 5　12 号文件的 S - CAD 分析

政策目标部分包含三个方面，即规范网络平台道路货物运输经营活动（G1），维护道路货物运输市场秩序（G2），保护网络平台道路货物运输经营各方当事人的合法权益（G3）。相比 115 号文件，12 号文件的三个目标更加清晰，指向性十分明确。除了目标 G1 与 115 号文件的第一个目标相类似外，目标 G2 和 G3 为首次明确提出，是无车承运三年试点经验在政策文件中的集中体现。围绕价值观 V1，规范平台经营活动的同时，引导平台企业从重视网络效应转向兼顾运营管控，脚踏实地打造实际承运能力和安全管理能力，避免平台企业为追求规模而影响道路货运市场秩序，损害各参与方权益。

政策手段部分包含七个方面，12 号文件共包含 30 条内容，其中第一至第五条明确了"网络货运"的法律定位和概念内涵，第二十九和第三十条为附则，其余 23 条内容经分解后，可概括为 7 项，即规范准入条件（S1）、强化全程运输责任（S2）、加强信息安全管理（S3）、强化依法纳税义务（S4）、加强运行监测（S5）、构建多元监管格局（S6）、健全交易规则和争端解决机制（S7）。7 项政策手段与 12 号文件的对应关系如表 4 - 1 所示。从逻辑关系看，12 号文件手段与目标之间的逻辑更加清晰，也反映出通过 115

号文件的试点之后，中央政府对于促进网络货运业发展的思路更加明确。

表 4 – 1　　　　　　　　政策手段与 12 号文件条款的对应关系

政策手段	12 号文件对应条款	政策手段	12 号文件对应条款
规范准入条件（S1）	第六、第七、第八、第九条	加强运行监测（S5）	第二十三条
强化全程运输责任（S2）	第十、第十一、第十二、第十三、第十四、第十五、第十六条	构建多元监管格局（S6）	第二十四、第二十五、第二十六、第二十七、第二十八条
加强信息安全管理（S3）	第十八、第二十一、第二十二条	健全交易规则和争端解决机制（S7）	第十七条
强化依法纳税义务（S4）	第十九、第二十条		

相比 115 号文件，12 号文件并没有清晰地列出政策预期结果，但是审读 12 号文件第三、第六条发现，中央政府对 12 号文件给予了很高的期待，希望其能够促进物流资源集约整合、高效利用（R1），促进网络货运经营者公平参与市场竞争（R2）。着力营造公平竞争市场环境是 12 号文件的一大亮点，体现了中央政府公共政策从效率思维向公平思维的逐步转向，也是对 115 号文件推行无车承运人试点后暴露出的责任公平、税率公平等矛盾焦点的应答。通过手段 S5、S6 和 S7，将监管尽量交给信息技术工具来评判，以事实和数据为依据，降低权力的话语权，减少人工干预对于公平的扭曲，引导各方参与主体围绕这些不公平的矛盾去探索、博弈并达成共识，建立一种公平的制度安排，使市场创新得以健康的发展。

第四节　政　策　建　议

一、加强与税务部门的协同

物流市场中"灰色经济"比例较大，115 号文件和 12 号文件在税务部门的支持下顺利推进，将原来隐藏在冰山下的税务矛盾显性化，然后再根据出现的问题提出针对性解决方案，逐步完善规范抵扣项。但是物流企业增值税进项抵扣不足等问题仍然比较突出。《国家税务总局关于开展网络平台道路货物运输企业代开增值税专用发票试点工作的通知》（以下简称《通知》）规定"经国家税务总局各省、自治区、直辖市和计划单列市税务局批准，纳入试点的网络平台道路货物运输企业"才能为符合条件的司机代开增值税专用发票。合法合规获取司机运费发票的解决渠道虽然清晰明了，全国各地对网络货运平台代开资质放松程度却并不一致。这与各省实际情况和风险程度的差异有关。许多地方只有部分网络货运平台取得代开试点。同时，《通知》限定网络货运平台只能为撮合业务代开票，平台作为无车承运人身份时，只能根据《货物运输业小规模纳税人申请代开增值税专用发票管理办法》向税务机关申请，由平台所在地主管税务机关来代实际承运人开具发票，但实际操作中由平台代会员向税务部门申请开具发票的流程过于烦琐。让"灰色经济"阳光化，用数字化的方式将交易完整链条记录下来，形成完整的数据链条和证据链条，是解决物流税务合规问题的基础，12号文件在后续修订时应加强与税务部门的协同，以数字技术驱动物流业务税务链条透明化。

二、提升省级层面网络货运监管治理能力

12号文件将网络货运经营者的资质审批下放至区县，降低了资质申请的难度，也导致一大批获得资质的企业并未实际开展运营。行业中企业质量良莠不齐的现象比较突出。115号文件和12号文件均对各省级交通运输主管部门提出了监管要求，115号文件的试点政策结束后，仍有不少地方没有省级网络货运监测系统。12号文件出台后，尽快建立省级网络货运信息监测系统，并且实现与网络货运平台的对接，与交通运输部、同级税务部门的数据交互，成为监管的基础条件，同时也对各省级层面网络货运监管治理能力提出了要求。在大数据环境下，通过多维度闭环监测，提高行业管理能力和治理水平是各省级层面交通管理部门的重要课题。建议依托信息监测系统，利用大数据分析比对，进一步完善网络货运监督检查制度，实现线上线

下一体化监管，建立监测异常情况通报制度，健全网络货运准入退出机制，促进网络货运新业态规范健康发展。此外，各省级交通运输主管部门应重视将现有的单一监管功能进一步向服务功能延伸，通过保证数据的真实性，将更多的社会资源引入新的分工合作体系中，增加对网络货运企业的金融服务、发票服务、保险服务、电子证照申领查验等功能，实现信息共享共治，推动运输行业的智慧化改造。

三、引导网络货运企业提升研发实力

与 115 号文件鼓励无车承运人创新发展的价值观略有不同，12 号文件调整为规范网络货运业发展、促进公平竞争。虽然有所调整，但是对网络货运企业而言，介入货运服务场景，实现货运流程数字化，打造服务闭环，创新数据应用场景，丰富物流生态，是必不可少的。引导网络货运企业提高研发投入强度，提升研发实力，形成持续性的技术开发能力，围绕数据挖掘与数据安全，探索更深层次的数据要素综合利用，在智能调度、智能定价、信用分级、数字支付等方面对传统业务实施数字化改造，提升业务流程的标准化水平，提高企业基于数据的运营能力，应成为政策关注的重点。建议各省级交通运输主管部门在出台网络货运经营者管理细则时，将促进网络货运企业研发投入写入文件，并且给予一定的政策支持。

四、加强货车司机权益保障工作

网络货运业中的货车司机属于新就业形态劳动者，在市场博弈中是弱势群体，12 号文件明确了司机作为实际承运人的权益保护问题，但是并未提及如何落实。2021 年，交通运输部发布《关于加强交通运输新业态从业人员权益保障工作的意见》《关于加强货车司机权益保障工作的意见》两个文件，对完善平台和从业人员利益分配机制、规范平台企业经营行为等工作进行了部署安排，并且在近两年内以交通运输新业态协同监管部际联席会议名

义三次约谈了个别网络货运企业，督促落实货车司机权益保障。考虑到网络货运已经广泛影响公路货运业，建议各地将货车司机纳入新就业形态劳动者，出台具体的劳动保障权益实施办法。同时将保障货车司机权益纳入网络货运信息监测系统，建立信息通报制度，指导货车司机理性选择进入和退出的网络货运平台。

第五章 网络货运平台生态系统价值创造机理

第一节 网络货运平台生态系统概述

网络货运平台生态系统是平台生态系统在物流行业的应用体现，是网络货运平台企业将自身平台型业务置于服务生态系统情境中，以平台企业及其双边用户为核心，以实体交互所处的市场为生态环境，以其价值创造机制吸引和约束的利益相关者为服务支持，共同协作完成平台企业核心业务，同时满足各方参与者利益最大化而形成相互协作、互惠共赢的平台生态系统。随着技术的发展和社会的进步，单一企业已无法满足个性化、定制化、场景化、综合化的客户需求，寻求合作是企业获得可持续发展竞争力的有效途径。从平台生态系统视角考虑网络货运平台企业的长远发展，不仅是为了更高质量地满足客户的多样化需求，同时也是为了自身与合作企业的共同发展；从平台双边市场的网络效应来看，合作企业的发展有利于用户数量的增长，也为网络货运平台企业带来了更广阔的客源群体。因此，网络货运平台生态系统能够促进相关参与企业共同进行价值创造，从而实现更大的社会价值。

一、网络货运平台生态系统的架构

网络货运平台生态系统中，平台及其双边市场用户进行的物流活动并非独立完成，而是涉及第三方机构或其他利益相关主体。这些与平台或双边用户有一定利益关系的所有相关者共同构成了平台生态系统。平台组织者、物流服务需求者、物流服务供给者是核心参与主体，以非正式和松散方式相互依赖的信息技术提供商、金融保险机构、税务服务提供商、物流中介、车后市场、行业协会、研究院校、监管机构等是一般参与主体，主要为核心参与主体提供各类增值服务。各参与主体通过连接共享、整合赋能、融合创新等方式共同参与系统研发设计、产品与服务消费以及售后服务等价值创造过程（Mcfarlane et al.，2016）。

网络货运平台企业是生态系统的核心组织者，平台企业的货运业务也是整个生态系统的核心业务。在各类信息技术的支持下，网络货运平台企业依靠其特有的资源整合与信息匹配能力，吸引和整合物流服务供需双方入驻平台，共同完成核心货运业务。物流服务需求方通常是生产制造企业、商贸流通企业等货主；物流服务供给者主要包括运输企业、物流车队、个体司机等车主方。

增值服务提供商为网络货运平台生态系统提供各领域的服务支持，他们本身拥有自己独特的商业领域，并不依赖于网络货运平台企业生存，但可以为生态系统价值创造过程提供资金、知识、技术、信息等资源。例如，信息技术提供商为平台企业的信息化、数字化提供技术支撑；金融保险机构可以提供金融产品和车辆、货物保险等服务；税务服务提供商为参与主体提供税务咨询、发票管理等涉税服务；车后市场提供货车的维修保养、油卡与 ETC 服务等；监管机构对平台的货运业务真实性、数据上传准确性以及税务合规性等进行监督管理（王慧颖，2020）。

此外，网络货运平台生态系统离不开外部社会生态环境的支持，主要包括政策法规、社会经济、技术创新等。这些生态环境力量能够在一定程度上推动系统成员间的合作，增强系统的内部竞争力和外部吸引力，促进生态系统的发展演化（金帆，2014）。

综上所述，网络货运平台生态系统的构成主要包括三部分，一是由网络货运平台企业和物流服务供需双方所构成的核心层；二是由金融保险机构、市场监管、税务管理部门、技术支持企业、物流中介、车后市场、行业协会与研究院校等支撑服务提供商所构成的支持层；三是由政策法规、社会经济、技术创新等构成的环境层。网络货运平台生态系统架构如图 5 – 1 所示。

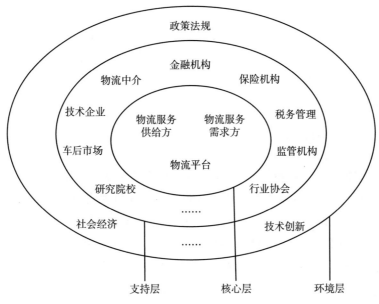

图 5-1　网络货运平台生态系统架构

二、网络货运平台生态系统价值创造驱动要素分析

根据网络货运平台的发展历程、业务概况以及生态系统的架构，结合双边市场、服务生态系统、共生理论等，分析网络货运平台生态系统的价值创造驱动要素。

（一）用户需求

根据平台的双边市场特征，一方用户所获得的效用取决于另一方用户的数量。在网络货运业务中，货运服务需求方持有货源，供给方拥有运力，平台企业承担起中间人的角色，为供需双方牵线搭桥。网络货运平台生态系统中的用户需求主要包括货运供求信息匹配、交易撮合、货物安全交付、运费支付结算、增值税发票开具、金融支持、争端解决、风险管控与投保理赔等，其中既有核心服务需求，也涉及增值服务需求。增值服务的供求围绕核心服务开展，没有稳定、规模化的核心服务，难以吸引增值服务提供商进入平台生态系统。

进入平台生态系统中的各参与主体都有自己的价值主张，平台企业将自有资源与各参与主体提供的资源进行整合、匹配，为各参与主体之间的价值共创活动提供支持，从而维系平台生态系统各参与主体的存续与进一步发展。因此，网络货运平台生态系统的用户需求是促进系统进行价值创造的根本驱动要素。

（二）互补性资源

根据服务生态系统的观点，用户并非简单的服务接受者，他们在服务提供商组织产品生产或服务提供的过程投入了对象性资源（operand resource）或者操作性资源（operant resource），并通过服务交换等互动活动共同创造价值（Vargo & Lusch，2011）。用户在价值创造过程中投入的资源具有明显的互补性特征，通过互补性资源的整合与共享，推动价值创造活动的开展。用户资源的互补性程度直接决定价值创造活动能否顺利开展，互补性资源在系统中的共享程度则决定价值创造的绩效。

网络货运平台生态系统中，互补性资源体现有形资源和无形资源等多个方面，如短缺的运力资源、不对称的信息资源、分散的增值服务资源等。价值在平台生态系统成员之间的信息互动和互补性资源共享中创造。平台企业既是资源的提供者，也是资源交换的中枢。参与主体借助平台完成信息搜寻与互补性资源的匹配，同时在大量的交互活动中积累并丰富关系资源。因此，互补性资源是促进网络货运平台生态系统价值创造的基本驱动要素。

（三）价值分配机制

共生理论认为生态系统成员间形成的互惠共生关系是生态系统的一种动态平衡状态，有利于系统的可持续发展。这种动态平衡状态的实现依赖于核心组织者建立的价值分配机制，并且通过一定的协调治理机制整合互补性资源，实现合理分配，从而调动系统成员参与价值创造的积极性。

网络货运平台生态系统的价值分配机制贯穿于价值创造活动的全过程。在价值创造的准备阶段，核心组织者整合海量的互补性资源，依靠智能匹配机制，参考用户信用水平合理调配资源，以充分发挥资源的价值。在价值创造过程中，核心组织者建立系统成员间的连接，依靠自主治理机制与激励约束机制，促使系统成员进行资源共享与服务交换。在价值实现阶段，核心组织者依靠公平分配机制，保证每一位参与主体投入价值共创的资源都能获得应有的回报或者价值增值。

在价值分配机制的作用下，网络货运平台生态系统表现为整体的价值增值和螺旋上升。生态系统创造的增值价值在利益相关者之间传递，有形资源所对应的信息资源，逐步转化为数字资源，特别是与信用有关的数据，作为新的生产要素重新投入生态系统中，循环往复。因此，网络货运平台生态系统的价值分配机制是价值创造的重要驱动要素。

平台企业作为网络货运平台生态系统核心组织者，通过捕捉用户需求、识别用户价值主张、整合互补性资源等一系列活动，在价值分配机制的作用下激发系统各参与主体参与价值创造的主动性，从而实现价值。根据上述理论逻辑提出网络货运平台生态系统价值创造驱动框架，如图5－2所示。

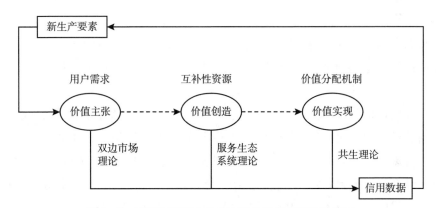

图5－2　网络货运平台生态系统的价值创造驱动框架

第二节　网络货运平台生态系统价值创造机理的扎根研究

本节基于扎根理论对网络货运平台生态系统的价值创造模式进行探索式案例分析，以明晰网络货运平台生态系统的运作模式，揭示其价值创造路径和价值创造机理。根据理论抽样原则进行多案例研究，通过访谈的方式收集四家较为成熟的物流平台企业的一手数据资料，经过扎根研究的数据编码过程进行概念和理论的抽样与提取，从而形成网络货运平台生态系统的价值创造机理模型。案例研究结果充分展示了网络货运平台生态系统价值创造模式的关键维度与基本内容，揭示了系统的价值创造机理。

一、研究方法与案例选择

（一）扎根研究方法

扎根理论是在分析经验资料的基础上建构理论的质性研究方法。不同于量化研究的验证性思路，扎根理论倾向于从原始资料中进行提炼、归纳研究思路。正如陈向明（1999）指出，扎根理论是一种自下而上建立理论的方法，即在系统收集资料的基础上寻找反映社会现象的核心概念，通过概念间的联系来建构相关的理论，主要适用于"基于现象提出理论概念，以及挖掘概念内涵与外延"的情景（何雨和石德生，2009）。网络货运平台生态系统的价值创造机理作为一个新的研究问题，适宜采用扎根理论进行质性研究。

扎根理论分析过程基本可以分为五个步骤：产生研究问题、资料收集、资料分析、理论建构和文献回顾（丁鹏飞等，2012）。第一，研究问题的产生既可以来源于实践，也可以来源于理论，通过对相关文献研究进展的思考，结合物流平台的发展历程，从中提炼出研究问题；第二，资料收集包括深入一线的调查与访谈，也包括文献研究与新闻报道等；第三，资料分析是对所收集的访谈内容、调查记录等进行整理和分析的过程；第四，理论建构是在对资料进行逐级编码和抽象概括的过程中逐步形成的；第五，文献回顾是将初步编码所构建的理论与已有相关文献进行不断比较，以发现和补充所提炼的概念、范畴以及理论的不足（何雨和石德生，2009）。

其中，资料分析是相对程式化的环节，通常包括开放性编码、主轴性编码和选择性编码三个阶段。开放性编码是将所收集的资料进行分解、比较、概念化和范畴化的过程。主轴性编码是建立范畴间关联并提炼出主范畴的过程。选择性编码旨在发现主范畴之间的联系与区别，从而提炼出所研究问题的核心范畴。通过搜集新的资料验证核心范畴与其他范畴间的关系，从而完善各个范畴及其逻辑关系，建立起能够概括现象间关系的理论（吴亚伟，2015）。

（二）理论抽样与案例选择

理论抽样以理论饱和为抽样参考依据，主要包括开放性抽样、关联性抽样和区别性抽样（Strauss，1990）。开放性抽样与开放性编码对应，具有一定的随机性，旨在涵盖所有可能产生理论的原始资料；关联性抽样与主轴性编码对应，旨在扩大属性和维度上的差异；区别性抽样与选择性编码对应，旨在进一步明确范畴间的关系，从而证明和发展理论。在实际编码过程中，这三个阶段不断迭代进行，贯穿于整个扎根研究过程，直到所提炼概念能够覆盖所有范畴和属性，达到理论饱和。

案例研究作为管理学研究的基本方法之一，适合研究"是什么"与"为什么"性质的问题。相较于其他研究方法，案例研究能够对案例企业进行详细的经营实况描述和发展历程分析，从而使理论研究与实践情况相结合，形成对案例和问题更为系统和全面的理解，以获得更贴合实际的整体性观点。网络货运平台生态系统是平台经济背景下发展起来的新型物流运作模式，研究处于起步阶段，需要通过探索性研究来挖掘与丰富该领域的理论，适合使用探索性案例分析方法进行理论建构。为避免单个案例研究存在的偶然性，本节选择多个具有代表性和差异性的案例进行研究，以降低幸存者偏差和主观臆断程度，从而更科学地解释研究问题，使研究结果更具有说服力和可信度（Strauss，1990）。

二、网络货运平台生态系统价值创造机理模型构建

（一）访谈与资料收集

1. 访谈与资料收集方法

深入一线现场的观察与访谈是扎根理论不可或缺的资料收集方法。访谈过程是开放且有方向性的，提供了研究者与受访者就研究问题进行深入探讨

的契机。相较于书面表达，面对面的交流使受访者更易于谈及自己对实际问题的见解，这对于推进研究进展是非常宝贵和重要的。因此，访谈是基于扎根理论进行探索性案例分析的必要步骤。

本研究采用半结构化访谈方法，根据所界定的研究问题列出有待探讨和交流的问题并设计访谈提纲，研究者围绕访谈提纲与受访者展开讨论，可以根据访谈进程和受访者的状态进行适当的扩展与调整。访谈提纲为研究者的访谈过程提供参考，以免探讨过程中偏离访谈主题或者遗漏访谈问题。访谈提纲所列的问题主要涉及平台企业货运业务的描述、平台企业与用户和合作伙伴之间的交互方式、平台企业为维持系统运作而建立的激励约束机制、平台如何协调各参与主体共同创造价值、平台系统价值创造活动所带来的绩效提升等，具体的访谈提纲见附录 A。在访谈过程中，研究者尽量营造开放、自由、鼓励讨论的氛围，根据访谈提纲引导与受访者的探讨并灵活补充提问，关键受访者提供了主要信息并畅谈市场情形及公司发展方向，员工代表在业务细节方面进行了补充。经受访者许可，对访谈过程进行全程录音，并在访谈结束后立即对录音内容进行整理。

2. 访谈对象与程序

本研究的访谈对象主要面向经营网络货运业务的物流企业，具有一定的经营年限和规模，以便研究者能够从公开的数据资料中获取其经营信息，从而能够在相对长的时间段内考察平台企业的发展与成长过程。在确定访谈对象时，应确保案例样本在基本经营特征上有所差异，避免幸存者偏差，包括经营规模差异、主营业务差异、营运绩效差异等，从而提高案例研究的普遍适用性。

理论构建的最佳案例数是 4～10 个（Eisenhardt，1989）。在进行访谈之前，首先通过查阅资料分析了满帮、路歌、货拉拉、德邻陆港等国内 16 家不同规模、不同业务模式的物流平台企业，包括企业官方网站、新闻报道资料、物流平台发展论坛、相关采访视频等资料，了解到这些企业的基本特征，为访谈提纲的制定提供了基础参考。根据上述抽样原则，结合能否切实实现连线访谈的实际情况，最终确定 4 家具有代表性的企业作为案例研究的访谈对象，案例企业的描述性信息如表 5 - 1 所示。访谈于 2022 年 6 月至12 月陆续进行，每次访谈时间持续约 1 小时，被访谈人包括熟悉公司业务模式及平台功能的关键受访者和普通员工代表。其中有三次访谈采用线上面对面的方式进行。为了促进与受访者的开诚布公交流，研究者承诺不泄露企业隐私信息。

表 5 – 1　　　　　　　　　　　案例企业简介

企业编号	位置	主营业务模式	关键受访者	访谈人员数量	访谈时间（分钟）
A	山西	城际大宗商品流通	产品总监	2	50
B	上海	城际整车运输	副总	2	76
C	安徽	城际大宗、消费品	总经理	3	90
D	河南	同城快消品	技术总监	2	60

（二）数据编码分析

1. 开放性编码

开放性编码是指秉持开放的态度对所收集的一手资料进行逻辑上的分类提炼，进而逐步概念化、范畴化，最终实现理论构建的过程。开放性编码方式包括人工编码和软件编码。利用软件进行初步编码能够快速将海量的文字材料进行凝练、概括，并筛选出频次较高的概念，但是容易出现如"平台、司机、货主企业、金融机构"等常见主体名词以及关系连接词的无效提炼现象；直接采用人工编码方式工作量较大，但是由于人工编码过程中包含对原始资料的思考和理解，这种通过大脑的个性化、经验化思考而进行概念化的过程是软件无法比拟的。通过对比部分人工编码和软件编码的结果，决定采用人工编码方式对原始资料进行提炼，同时为避免主观臆测偏差，另请两位研究团队成员进行独立编码，对汇总编码结果中差异较大处进行讨论和概念含义的明确，最终整理出一份完善的编码结果。

开放性编码共产生 336 个初始编码，为聚焦研究主题，在初步整理中舍弃了 47 个与研究主题不相关的编码，得到 289 个有效初始编码，表 5 – 2 展示了部分开放性编码的示例。初始编码形成后，根据研究主题进一步地进行整合与聚类，形成初级范畴。如初始编码"在线支付""平台结算""自动到账"可整合为"线上结算"的初级范畴，描述平台为客户提供线上结算服务。经多次整理分析后，得到初级范畴 58 个（见表 5 - 3）。

表 5 - 2   初始编码示例

原始资料	初始编码
公司对新进入的个体司机进行安全教育培训，介绍平台规则、合同约定和司机端 App 的操作说明	司机培训
通过扫码过磅，完成数据实时上传，就可实现货物、车辆等资产的实时轨迹追踪，提高作业效率	可视化资产追踪
在抗击新冠疫情和抗洪救灾等活动中，公司依靠强大的平台运力支持，进行物资运送等公益活动	社会责任
由货主先预充值运费、上传装、卸货信息，经过运力系统匹配给符合条件的司机自行抢单，收货人确认收货后司机就可以自行拿到这笔运费	司机抢单
……	……
后台看到司机评价平台货源很多，返程再也不担心空车了	空载率降低

2. 主轴性编码

主轴性编码是在开放性编码生成初级范畴的基础上，考虑编码之间的相似性、因果关系、递进关系等，进一步将相似的以及有关联关系的初级范畴进行整合与聚类，从而形成更具综合性、概括性和抽象性的次级范畴的过程。主轴性编码的结果详见表 5 - 3。

表 5 - 3   主轴性编码结果

初级范畴	次级范畴
业务规范化、信息透明化、快速车货匹配	供需匹配
货源信息透明、按时足额结清运费、司机培训	司机权益
价格合理、按时保质交付货物	货运需求
可视化资产追踪、实时定位、车辆轨迹查询	动态监控
司机抢单、定向指派、智能调度	智能调度

续表

初级范畴	次级范畴
线上结算、自动对账、支持各种支付方式	便捷支付
全程高效、便捷服务、智能化服务体验	高效协作
鼓励自治、激励约束制度、共同治理	共同治理
吸引创造性人才、管理优化、技术人才、选用育留	人才引进
资产数据积累、平衡协同发展、一体化共同发展	一体化共生
形成物流生态圈、供应链协作	物流生态
线下资源线上化、货源供应、运力组建	供需资源整合
资金周转支持、融资贷款优惠	金融支持
风险管控、车辆保险、货物保险	安全保障
普及税法、代扣代缴、发票管理、规避税务风险	涉税管理
车辆销售、维修、保养一站式服务、油卡与ETC销售	车后资源整合
缩短流程链条、杜绝层层转包	去中介化
技术研发、信息化建设、互相连接、共建共享	信息连接
资源优势互补、互动、反馈、支持	资源互动
业务信息化、流程自动化、经营智慧化、柔性应对风险、快速响应	大数据赋能
运输成本降低、空载率降低、运输时间缩短、物流效率提高	降本增效
信任关系、货源真实性、诚信为本	信用水平提升
准点率高、货损率低、社会责任、服务品质提升、客户黏性增加	服务创新

3. 选择性编码

选择性编码是在主轴性编码生成次级范畴的基础上，考虑编码所代表的含义及其相互关系进行归纳与整理，形成更具概括性的主范畴的过程，并进一步通过主范畴之间的联系与比较形成本研究的核心范畴。核心范畴的确定要考虑其核心性、解释力、出现频次以及与其他核心范畴的相关性。核心范畴"价值主张"表示网络货运平台生态系统各参与主体以及系统整体进行价值创造活动的诉求；"价值创造"概括了平台如何引领各参与主体进行价值创造活动；"价值实现"则概括了价值创造活动实现的结果。选择性编码结果见表5-4。

表 5 – 4 　　　　　　　　　　　　　　选择性编码结果

次级范畴	主范畴	核心范畴
供需匹配、司机权益、货运需求	高效匹配	价值主张
动态监控、智能调度、便捷支付、高效协作	全景协同	
共同治理、人才引进、一体化共生、物流生态	共治共生	
供需资源整合、金融支持、安全保障、涉税管理、车后资源整合	资源整合	价值创造
去中介化、信息连接、资源互动、大数据赋能	连接赋能	
降本增效、服务创新、信用水平提升	物流效益	价值实现

为确保编码结果的有效性和可信度，通过文献回顾的方式进行可靠性检验。即为了实现数据饱和，在完成原始资料的编码过程后，对文献资料、行业报告、新闻报道等二手资料进行相同的编码过程，探索在同一研究主题下是否还会出现新的编码、概念或相关关系。经过可靠性检验，并没有产生新的编码、概念和关系，可以认为案例分析已经实现了理论饱和（Corbin & Strauss，2008）。

（三）价值创造机理模型的构建

通过深入一线的扎根研究和对大量文字资料的反复提炼、概括、聚类等数据编码过程，归纳出三个核心范畴，即价值主张、价值创造、价值实现。其中，价值主张是网络货运平台生态系统参与主体共同提出的一致性诉求，包括高效匹配、全景协同、共治共生；价值创造是物流平台企业根据价值主张所建立的激励约束机制，包括资源整合与连接赋能；价值实现是系统整体通过互补性资源共享与互助性协作所实现的共同价值，包括物流业务的降本增效、物流服务的融合创新、行业信用水平的提升等物流效益。

通过识别价值主张、阐述价值创造机制、梳理价值实现路径，发现三个核心范畴之间的连接机制，即价值驱动机制和价值实现机制。价值驱动机制是从价值主张到价值创造之间的连接机制，揭示网络货运平台生态系统的价值主张作为驱动因素，如何促进价值创造；价值实现机制是从价值主张到价值实现的连接机制，揭示从价值主张提出到最终价值得以实现的过程是如何运作与转化的。网络货运平台生态系统的价值创造机理如图 5 – 3 所示。

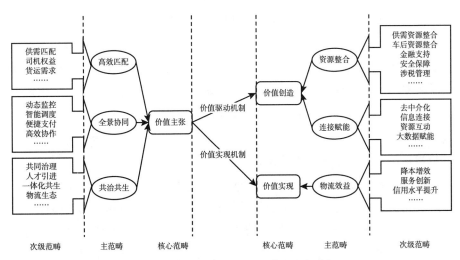

图 5-3　网络货运平台生态系统价值创造机理

三、网络货运平台生态系统价值创造机理模型阐释

（一）价值主张分析

价值主张是价值共创的基本要素，是共创体系的指导思想来源，有意义的价值主张能够有效统一各参与主体的利益（李立望和黄德海，2022）。网络货运平台生态系统中的众多利益主体既有基于自身业务的价值主张，又能够基于业务关联与资源互补组合在一起交付具有一致性的价值主张，从而实现平台系统价值的共同创造。根据扎根理论的探究结果，网络货运平台生态系统识别出了"高效匹配、全景协同、共治共生"三个具有一致性的价值主张。

高效匹配是物流服务需求方和供给方最基本的业务需求，也是物流平台得以生存的基础，是整个网络货运平台生态系统得以运行的基本价值诉求。由于信息壁垒的存在，资源的流通并不顺畅，市场上供需资源的自由匹配面临着信任危机、价格偏颇、信息真实性等考验，能够实现高效率与高质量的供需匹配、实现"货有所运、车有所拉"是物流服务供需双方选择入驻平台最基本的价值主张。高效匹配是网络货运平台生态系统在基础业务层面的价值主张。

成功匹配是货物运输的起点，货物装卸、在途运输安全、货损货差、车辆维修保养、高速公路通行费、运费结算、税务发票、金融保险等业务都会在货运服务交付过程中有所涉及，业务种类繁多，需要对接不同主体，在多个信息平台上完成业务操作，容易造成不同系统之间数据割裂，形成信息孤岛。平台生态系统成员针对以上业务痛点，提出以平台为纽带，各项业务相互串联，实现智能化协同作业，全场景一站式服务的价值诉求。全景协同是网络货运平台生态系统在服务体验层面的价值主张。

通过平台实现了基础业务和服务体验层面的价值主张后，系统成员还要考虑长远发展的问题，希望平台所提供的业务和服务具有可持续发展性，而不是仅仅满足于眼前的单一场景、有限次的服务体验，这就涉及平台的治理问题。系统成员与平台企业是合作共生关系，而不是上下级隶属关系，平台在约束不规范行为的同时，也要允许其在自身业务领域内进行自治自理，从而实现整个网络货运平台生态系统的共建、共治、共生。共治共生是网络货运平台生态系统在长远发展层面的价值主张。

（二）价值创造机制

网络货运平台生态系统的价值创造强调合作，而非竞争与替代。平台所有者既要鼓励参与者自治，充分发挥参与者自我管理、自我决策的积极性，又要控制参与者的不合规行为，避免损害系统利益；既要鼓励与支持参与者的多样化，以丰富生态系统资源多样性，又要要求参与者遵守若干标准，以实现组件的兼容与资源的复用（Wareham et al.，2014）。这就要求作为核心组织者的平台做好资源整合与连接赋能的统筹工作。

随着市场竞争的加剧，平台企业仅依靠自身资源难以应对终端客户的多样化和个性化需求、独立完成社会集约化和规模化的运营，只有全体成员共同发展、协同发展、平衡发展，才能实现整个物流体系结构性、系统性的优化。一方面，针对核心业务加强对供求双方的资源整合，扩大服务规模以保证平台生存；另一方面，针对增值业务引入第三方服务商，同时吸引其他利益相关者的进入，形成多主体参与的良好生态，为系统成员提供丰富便捷的增值服务。平台根据系统内参与主体的资源特征及其价值主张进行合理的架构设计，引导参与者进行资源的共享与复用。

产业链上下游各参与主体之间以及企业内部经营决策之间基于商业逻辑的连接，是数字化网络货运平台生态系统构建的基础条件。物流平台通过资源整合与架构设计将各参与主体之间原本独立的节点连接起来，形成互联共享的关系网络，实现各产业、各地域、各企业之间的连接，使生产效率得到进一步提升、成本得到进一步降低。同时，网络货运平台为系统内各参与主体赋能，以信息集成、资源共享、融合创新等方式，缩短供应链流程链条，提升系统整体运营效率。

（三）价值实现路径

网络货运平台生态系统的价值反映了系统参与主体在平台架构的连接和组织下，以货运服务为基础，以增值服务为补充，通过成员间相互协作，以其独特的资源与能力，满足各参与主体的需求。在高效匹配、全景协同、共治共生的价值主张下，平台通过资源整合、连接赋能等价值创造机制，促进各成员企业间的互动，引导系统内各主体通力协作，共同实现降本增效、服务创新、信用水平提升等价值。

网络货运平台通过对新技术的应用，在提供货运服务的同时，从产业链视角出发，统筹生产企业、物流经营企业以及卡车司机等主体，打破传统的链条模式，收集节点动态数据，沉淀运营数据，为车货自动匹配、精准推送需求信息等智能决策提供数据支持。新技术的运用既提高了平台的资源整合能力，也促使各类资源要素加速向生态系统汇聚，结合核心组织者的激励约束与连接赋能等管理机制，发挥技术和管理的协同效应，实现物流业务的降本增效（王慧颖，2020）。

网络货运平台通过与各类参与主体的互动，引导客户参与企业服务产品研发、反馈与服务流程优化等价值创造过程，逐步将客户从传统的产品消费者或服务体验者转变为产品开发和服务设计的参与者，通过模块化设计支持客户提供自有信息、共享互补资源，以更丰富的交互活动实现价值的增值，推进服务创新（高志军等，2014）。

网络货运平台通过对业务数据的深度挖掘，对用户行为的数字记录和整理，生成用户画像，构建起基于大数据的信用体系，不仅为各类参与主体的共治共生提供信用支持，也提升了行业整体的信用水平。

第三节　网络货运平台生态系统价值
创造机理的实证分析

基于第二节扎根研究所构建的网络货运平台生态系统价值创造机理模型，本节结合相关文献探索关键变量与机理之间的关系，提出研究假设和价值创造机理的概念模型，探索其作用路径。基于概念模型设计测量量表，采用问卷调查和结构方程模型的量化研究方法，探索价值主张、价值创造机制以及价值实现之间的关系，从而对价值创造机理模型进行验证。

一、研究假设与概念模型

（一）研究假设提出

1. 高效匹配与资源整合

识别客户价值主张是平台服务的基础，是解释客户服务偏好和购买行为的根本因素，能够使平台明确价值是什么以及如何为客户和合作伙伴创造价值（Payne et al.，2017）。供需匹配是货运服务的基础，但是由于市场存在高度的信息不对称，匹配业务存在效率低下、价格失真、信息真实性缺乏保障、车辆利用率低等问题。因此，高质量、高效率地完成车源与货源的匹配，是货运服务供需双方入驻平台最基本的诉求，这就要求平台具备海量的资源池以快速进行互补性资源的整合与匹配。

资源整合能够形成平台企业独特的资源优势，是网络货运平台生态系统进行价值创造的基础机制，由于跨时空、跨行业、跨组织的资源整合具有一定的路径依赖性和难以模仿性，因而在价值创造中作用突出（Dyer & Singh，1998）。作为网络货运平台生态系统的核心参与主体，货运服务供需双方的用户资源是平台资源整合的重点。具体表现为车主的运营车辆、驾驶技术、运输服务能力，货主的货物、货物流通渠道、生产供应与销售渠道，以及双方在交易过程中所产生的社会资本等资源，都需要平台企业凭借自身技术和运营管理能力去整合与协调。为满足核心参与成员高效匹配的价值主张，平台通过整合社会零散运力、收购物流运输车队、与大规模生产制造企业、商贸企业洽谈合作等方式进行车货资源的整合，拥有海量资源才能实现快速匹配。因此，提出以下研究假设。

H5 – 1 高效匹配的价值主张能够正向影响平台进行资源整合。

2. 全景协同与资源整合

随着网络货运平台生态系统价值传递由链式向网络转变，涉及的业务主体和交易方式更加复杂（Eggert et al.，2018），核心组织者对客户价值主张的识别开始关注更广泛的价值驱动因素，由经济驱动到服务驱动（Patala et al.，2016）、由双边用户资源到多方合作伙伴资源（Ballantyne et al.，2011）。面对系统诸多参与主体的复杂业务需求，提出全景协同的价值主张，以期实现智能化业务协同、全场景一站式服务。全景协同需要各方参与者进行积极的互动交流，彼此共享互补性资源，从而达成业务衔接、数据交换、服务一体化的目标。

高频互动是关系营销与互联网叠加后呈现出的显著特征（Yadav & Varadarajan，2005），有助于彼此之间交换信息与资源，增强信任关系（Lee et al.，2021）。在网络货运平台生态系统中，互动不仅指平台企业与客户、合作伙伴的对话交流，还包括平台用户之间的彼此交互。随着网络货运平台生态系统参与主体的多样化和复杂化，互动交流的数量、频次不断增加，信息和资源的共享程度加深，有助于合作质量和效率的提高，刺激参与主体发掘更多合作与获利的可能性（Horning，2017）。此外，信息技术的发展改变了系统成员间的互动交流方式和交互内容，信息共享更为便捷高效，交互内容也由业务信息资源扩展到社会信息资源（Joshi，2009），极大地提高了交互质量。全景协同的价值主张促使平台企业整合具有互补性资源的业务主体，促进其互动交流，以便为客户提供更加高效便捷服务。因此，提出以下研究假设。

H5 – 2 全景协同的价值主张能够正向影响平台进行资源整合。

3. 资源整合与降本增效

降本增效包含两个方面的含义，即降低成本与增加效益。成本包括交易成本、运输成本、财税成本等，效益包括效率和收益等。其中，交易成本包括信息搜索成本（Williamson，1991）、沟通成本（Tate et al.，2011）、监督成本（Shahzad et al.，2018）。物流服务供需双方寻找互补性资源以及平台企业寻找第三方服务提供商的过程都会产生信息搜索成本。在尚未建立信任时，各方业务主体为保护自身利益，需要花费较大的沟通成本去促成合作，同时平台企业需要投入更多的资源与精力来监督合作的过程。通过平台的资源整合机制，具有互补性资源的各方参与者形成了互惠共生的生态系统，彼此之间能够插件兼容（刘雪梅，2012），通过资源共享与相互协作为客户提供更具综合性的服务。随着合作关系的持续和信任水平的提升，交易成本大幅降低，且物流效率和各方收益不断提高，实现降本增效的价值结果。

具体来说，平台企业通过供需资源的整合，依托大数据技术和智能算法，将海量的车源与货源信息进行智能匹配，降低用户的信息搜索成本，缩短空车等待时间，降低车辆返程空驶率，提高运输作业效率；与高速公路ETC卡的资源整合提高了车辆通行效率、降低了油耗和燃油费，同时降低了平台的获取和管理发票成本；与金融保险机构的资源整合降低了融资成本和货物运输风险，从而实现物流行业的降本增效。因此，提出以下研究假设。

H5-3 平台进行资源整合能够正向影响降本增效的实现。

4. 资源整合与服务创新

随着物流平台服务趋向同质化，市场竞争加剧，平台企业需要创新经营策略，为客户创造更独特的价值，以便可以在激烈的竞争中脱颖而出，这种类型的创新通常称为价值创新（Matthyssens et al.，2006）。价值创新用以满足客户日益增长的产品多样化和服务个性化需求，同时创造与竞争企业差异化的产品与服务（Kim & Mauborgne，2004）。在网络货运平台生态系统中，由于技术进步的普遍可得性，在技术底座和功能差异方面可供创新的空间有限，这种价值创新更多体现为服务模式的创新。在现有的技术水平下，平台企业仅利用自身的资源和能力无法持续为客户提供创新产品与服务，只有通过扩大资源整合范围，创新连接渠道，充分利用外部资源和合作伙伴关系来创新服务模式，才能打造全新的服务体验，为客户创造更高的价值（Baker et al.，2016）。

具体来说，物流平台通过供需资源的整合，依托大数据、云计算等技术，实现基于平台的车货智能匹配，打破传统的线下匹配交易模式，使货运服务需求方和供给方获得线上快捷匹配的服务体验。通过平台对车后市场资源的整合，卡车司机能够获得及时的车辆救援、优质优价的维修保养服务以及途中停车休息等便捷服务，运输途中更安心。通过平台对技术资源的整合，实现运输全程可视化追踪监测，为货主企业提供在线实时货物监管的创新服务。因此，提出以下研究假设。

H5-4 平台进行资源整合能够正向影响服务创新的实现。

5. 全景协同与连接赋能

网络货运平台生态系统的运营过程涉及诸多业务以及不同的业务主体。参与主体倾向于通过"一站式"服务对接多个主体的多项业务。参与主体据此提出全景协同的价值主张，促使平台连接物流供应链上下游并为其赋能，从而实现采销、运输、称重、仓储、场站等全流程业务闭环，为客户提供全程可视、可控、可追溯的一体化物流服务。

作为核心组织的平台企业，对异质性资源的整合以及对多方参与主体的连接赋能机制体现了企业的运营能力，这种能力源于跨越企业边界对不同参与主体进行互补性资源与能力整合以及系统化治理（Teece et al.，1997）。平台通过连接赋能机制设计合适的系统运行规则，提出规范的标准，引导和规范平台用户的互动和交易行为，例如不同供应商之间的信息系统互通、业务单据和发票等票据在开具和流通方面进行规范化管理等，使得数据、票据等顺畅流动。通过平台的系统化治理，协调各方参与主体开展业务、完成交易，提供更加符合用户偏好的精准信息推送以及个性化的增值服务。全景协同的诉求促使平台建立连接赋能机制，推进网络货运平台生态系统的协同作业，实现系统整体的价值增值。因此，提出以下研究假设。

H5-5 全景协同的价值主张能够正向影响平台进行连接赋能。

6. 共治共生与连接赋能

网络货运平台生态系统基于可持续发展视角提出共治共生的价值主张，引导各类主体共同参与系统治理，以共建、共治、共生的模式实现可持续发展。连接赋能是实现共治共生的重要机制，具体体现为对司机的激励约束机制和对其他主体的自主治理空间。平台以货主的评价系统和运输过程的监管数据为依据，通过优先派单等奖励措施激励司机提供规范化的运输服务，或者通过信息渠道限制等惩罚措施约束司机的不规范行为（沈晓菲，2010）。根据斯金纳（Skinner）的强化理论，平台的激励约束机制可以视为对司机规范化行为的强化，司机提供规范化物流服务的倾向会在受到正强化激励时更加明显（徐红梅等，2015）。同时，出于趋利避害心理，在受到负强化刺激时改正之前的不规范的行为（Provan & Skinner，1989）。自主治理权利能够充分发挥各参与主体的主观能动性，与激励约束机制相结合，更好地实现网络货运平台生态系统的共治共生。

在共生价值思想的指导下，平台建立起连接赋能机制，自主治理与激励约束并存，使系统内优势互补的各参与主体能够风险共担、利益共享，从而共享资源信息、相互协作，共同完成一致的目标。因此，提出以下研究假设。

H5 – 6 共治共生的价值主张能够正向影响平台进行连接赋能。

7. 连接赋能与服务创新

通过连接赋能机制，平台开放接入端口，广泛连接多边用户，增加生态系统的多样性（Eisenmann et al.，2011），为供需双方用户以及利益相关者提供更加高效便捷的服务和互动空间，从而推动系统成员协作，实现服务创新。对平台企业来说，连接具有不同需求的用户和不同服务的提供商，有利于获取和利用更广泛的外部资源，扩展资源和能力边界（Gawer & Cusumano，2014），对平台用户来说，平台的连接赋能机制为其提供了获取多样化服务的可能（Alexy et al.，2018），提升对平台系统的使用和支付意愿，充分发挥平台供给侧和需求侧的规模经济和范围经济优势（Gawer，2014）。此外，平台企业能够通过用户历史数据和信息的关联分析，构建起具有独特性的用户行为画像，更精准地预测用户的需求偏好，推送符合用户喜好和需求的个性化产品或服务（Hagiu & Jullien，2014）。因而，平台建立连接赋能机制能够促进平台企业进行服务创新并创造更高的价值。

产业链上下游企业之间以及平台企业内部之间的连接是构建网络货运平台生态系统的基础，作为核心组织者的物流平台将优势互补的上下游企业连接起来并为其赋能，促使其信息共享、共同协作。系统内各参与企业在合作中通过提供不同的能力、知识和资源来填补或完善彼此的绩效，提高协同效率。平台结合不同的业务场景和客户需求进行流程分析，依托数字化技术实现流程自动化，为客户带来创新的服务体验。因此，提出以下研究假设。

H5 – 7 平台进行连接赋能能够正向影响服务创新的实现。

8. 连接赋能与信用水平提升

通过平台的连接赋能机制，系统内各参与主体之间建立起了有效连接，各供应商的信息系统能够互联互通，真正实现了业务的信息化和数字化。在数字化的生态系统内，参与主体的每一个行为都会被系统记录，尤其是交易过程中产生的大量数据，它既是业务活动的副产品，也可作为新的生产要素重新投入价值的创造过程。经过数据的不断积累与沉淀，生成用户的信用画像，为构建与完善行业信用体系奠定基础。数据在构建信用体系中的重要作用也促使企业重视信息安全，平台通过简洁易用的互动界面提高用户使用意愿和灵活性（Ranjan & Read，2016），也要设计精密的算法体系为用户信息进行加密处理，确保用户信息的安全性和可靠性（Kox et al.，2017）。

在万物互联的大数据时代，代替"铁公基"成为新基建的网络信息基础设施在企业数字化发展进程中发挥着重要作用。平台企业要充分利用好网络信息基础设施的支撑作用，及时收集与记录运营过程中产生的数据资源，尤其是依托平台所产生的供需数据、用户行为偏好数据、货物集散与流通数据、车货匹配交易数据以及行业监管信息等。一方面，利用数据资源优化系统服务流程、完善平台业务运营管理，提高运营质量和效率，另一方面，将用户良好的行为转化为信用资产，促使行业信用水平的提升。因此，提出以下研究假设。

H5 – 8 平台进行连接赋能能够正向影响信用水平的提升。

（二）概念模型构建

基于以上所提出的研究假设以及关于网络货运平台生态系统价值创造的理论分析，可以认为平台生态系成员提出的高效匹配的价值主张能够促进平台进行资源整合；全景协同的价值主张促使平台进行资源整合并建立起连接赋能机制；共治共生的价值主张能够促进平台的连接赋能机制；资源整合能够促进降本增效和服务创新，连接赋能机制可以促进服务创新、提升信用水平。因此，构建如图 5 – 4 所示的概念模型。

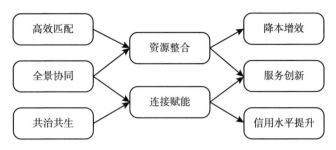

图5－4 网络货运平台生态系统价值创造概念模型

二、研究设计与方法

（一）问卷设计

问卷调查法是定量分析中较为普遍的一种数据收集方法。本研究关注的是网络货运平台生态系统的价值创造，是系统内所有参与者共同创造价值，研究中所定义的平台生态系统不仅包括平台组织者、物流需求方、物流供给方，还包括为之提供金融、保险、车后服务等增值服务的第三方服务商。考虑到与物流平台合作的相关服务支持企业对价值创造过程及结果的认知和体验更加具体，因此，问卷调查对象并不仅局限于平台企业，还包括对货主企业，如生产制造企业、商贸企业；运输企业如物流车队、卡车司机；第三方服务商如金融保险机构、车后市场、物流行业科研机构等参与者的调查。本研究的调查设计包括以下流程。

首先，结合文献理论分析和企业发展实践资料，借鉴权威期刊中的成熟量表题项，对高效匹配、全景协同、共治共生、资源整合、连接赋能、降本增效、服务创新、信用水平提升等变量进行测量，形成本研究的初步调查问卷。其次，咨询同领域专家对于初步问卷中所设题项的合理性、措辞的准确性与可读性、是否能正确反映变量间逻辑关系等的意见，进而调整与完善题项设置与量表结构，形成问卷修订稿。最后，为了保证问卷调查的科学性与严谨性，先进行小范围的问卷预调研，避免因问卷设计问题导致的无效数据。调查问卷内容如表5－5所示。

表 5 – 5 调查问卷内容

测量变量	编号	测量题项
高效匹配	EM1	我希望能够在平台上搜索到所需的资源信息
	EM2	我希望平台能根据我的需求为我快速匹配资源
	EM3	我希望平台为我匹配的资源是真实有效的
全景协同	PS1	我希望平台能够提供车辆和货物的实时轨迹
	PS2	我希望平台能够自动核对账单信息并在线结算运费
	PS3	我希望平台可以满足所有货运相关的业务需求
	PS4	我希望平台能够提供比线下更加便捷的一站式服务
共治共生	CS1	我希望能够参与平台生态系统的治理
	CS2	我希望能够与系统内其他企业共同成长
	CS3	我希望能够在平台生态系统中实现长远发展
资源整合	RI1	平台上有充足的车源/货源信息
	RI2	平台会为我提供金融、保险、税务等服务
	RI3	平台会为我提供车辆销售、维修、保养等服务
连接赋能	CE1	我能通过平台与供应链上的其他企业进行合作
	CE2	我能通过平台使用其他企业分享的资源信息
	CE3	我愿意在平台上共享我的资源
	CE4	我能够依托平台拓展更多的业务
降本增效	RC1	通过使用平台降低了我的信息搜寻和匹配交易成本
	RC2	通过使用平台降低了车辆空载率和空车等待时间
	RC3	通过使用平台提高了货物运输的质量和效率
	RC4	通过使用平台提升了我的效益
服务创新	SI1	平台提供的服务内容很新颖
	SI2	平台提供了创新的服务流程
	SI3	创新的服务体验提高了我对平台的依赖度
信用水平提升	CL1	如果违反了平台规定，我会受到惩罚
	CL2	如果我提供的服务受到好评，会提高我的信用等级
	CL3	平台会为信用等级高的用户提供更优质的服务

（二）问卷预调研

向网络货运平台企业以及与平台有业务往来的服务支持企业的员工进行问卷的预调研，包括生产制造企业、商贸企业、运输企业（含个体司机）、金融保险机构、物流行业科研机构等。预调研共发放 130 份问卷，回收 118 份，回收率为 90.77%。根据填答完整度、作答选项差异性、作答时间等标准对回收的 118 份问卷进一步筛选，最终获得 100 份有效问卷，问卷有效率为 84.75%。

通过 SPSS 25.0 对获取的有效问卷数据进行信度和效度检验，以检验问卷题项的设计是否妥当。信度检验重点关注校正项目总分相关系数（CITC）与内在一致性系数（Cronbach' α）值。一般要求 Cronbach' α > 0.7，若某题项的 CITC 值小于 0.4，且删除该题项后的 Cronbach' α 值较之前有所提升，则可考虑删除该题项。问卷包括高效匹配、全景协同、共治共生、资源整合、连接赋能、降本增效、服务创新、信用水平提升八个题项。表 5-6 所示的信度检验结果显示各题项的 Cronbach' α 系数均大于 0.7，量表总体的 Cronbach' α 系数为 0.733，表明问卷整体信度较高。

表 5-6 　　　　　　　　　　预测试问卷信度分析

测量变量	编号	CITC	不符合要求的题项已删除后的 α 系数	评判	α 系数
高效匹配	EM1	0.575	0.556	保留	0.704
	EM2	0.458	0.69	保留	
	EM3	0.544	0.589	保留	
全景协同	PS1	0.628	0.844	保留	0.855
	PS2	0.682	0.823	保留	
	PS3	0.723	0.804	保留	
	PS4	0.769	0.784	保留	
共治共生	CS1	0.569	0.675	保留	0.748
	CS2	0.591	0.654	保留	
	CS3	0.578	0.662	保留	

续表

测量变量	编号	CITC	不符合要求的题项已删除后的α系数	评判	α系数
资源整合	RI1	0.468	0.75	保留	0.736
	RI2	0.578	0.626	保留	
	RI3	0.657	0.525	保留	
连接赋能	CE1	0.623	0.811	保留	0.836
	CE2	0.704	0.775	保留	
	CE3	0.62	0.812	保留	
	CE4	0.721	0.768	保留	
降本增效	RC1	0.469	0.791	保留	0.784
	RC2	0.626	0.712	保留	
	RC3	0.614	0.72	保留	
	RC4	0.661	0.695	保留	
服务创新	SI1	0.517	0.661	保留	0.721
	SI2	0.616	0.537	保留	
	SI3	0.495	0.69	保留	
信用水平提升	CL1	0.597	0.81	保留	0.812
	CL2	0.703	0.7	保留	
	CL3	0.697	0.713	保留	

效度检验采用探索性因子分析方法，利用样本数据检验潜变量与最初设定的概念是否一致，以及测量变量是否能够完整并准确地观察与解释潜变量。首先进行 KMO 与 Bartlett 检验量表是否适合作因子分析，其标准为 KMO > 0.5。从表5-7的结果可以看出，KMO 值达到 0.627，估计结果为 0.000，小于预先设计的显著性水平 0.05，因此量表适合作因子分析。

通过 SPSS 25.0 进行探索性因子分析，保留主成分分析中特征值大于1的默认设置，表5-8总方差解释摘要显示特征根大于1的成分有8个，与量表题项数量一致，可以解释全部测量题项 70.024% 的变异量。

表 5 - 7   预测试问卷的 KMO 与 Bartlett 检验值

KMO 取样适切性量数		0.627
巴特利特球形度检验	近似卡方	1162.043
	自由度	351
	显著性	0

表 5 - 8   总方差解释摘要

成分	初始特征值			提取载荷平方和		
	总计	方差（%）	累计（%）	总计	方差（%）	累计（%）
1	4.054	15.015	15.015	4.054	15.015	15.015
2	3.708	13.733	28.748	3.708	13.733	28.748
3	2.676	9.913	38.661	2.676	9.913	38.661
4	2.351	8.706	47.367	2.351	8.706	47.367
5	1.953	7.232	54.6	1.953	7.232	54.6
6	1.634	6.05	60.65	1.634	6.05	60.65
7	1.383	5.122	65.772	1.383	5.122	65.772
8	1.148	4.252	70.024	1.148	4.252	70.024
9	0.975	3.611	73.635			

选择最大方差法进行旋转，表 5 - 9 显示旋转后的成分矩阵，8 个主成分符合量表题项设置，可以认为问卷有较好的结构效度。

表 5 - 9   旋转后的成分矩阵

编号	成分							
	1	2	3	4	5	6	7	8
EM1								0.785
EM2								0.693
EM3								0.848
PS1	0.815							

续表

编号	成分							
	1	2	3	4	5	6	7	8
PS2	0.762							
PS3	0.821							
PS4	0.866							
CS1						0.809		
CS2						0.695		
CS3						0.812		
RI1							0.515	
RI2							0.853	
RI3							0.753	
CE1		0.774						
CE2		0.831						
CE3		0.794						
CE4		0.833						
RC1			0.647					
RC2			0.765					
RC3			0.75					
RC4			0.826					
SI1					0.803			
SI2					0.793			
SI3					0.659			
CL1				0.803				
CL2				0.852				
CL3				0.853				

（三）正式调研

预调研结果表明调查问卷的结构和各测量题项均具有较好的信度和效度，可以确定为正式问卷，具体内容见附录 B。在正式的问卷调查中，通过使用专业调研建模一体化数据平台 Credamo 的高级用户权限和付费服务来收集数据，发布者设置的问卷报酬对被试者完全透明，并且发布者可以对判定为无效的问卷选择拒绝付费，以最大限度地确保数据的真实性和客观性。正式调研共发放问卷 360 份。

为了尽量保证问卷调查的科学性和有效性，在数据收集环节采取限制措施来控制质量。在发放问卷之前，利用高级用户的权限限定受访者的作答时间、限定受访者所在的行业为交通运输与物流业、限定每个 IP 只能作答一次；在问卷回收环节，通过平台的数据清理功能以及高级用户拥有的 30% 拒绝权，横向查看每一份问卷数据的作答一致性与差异性，纵向观察每一题项的作答分布，主动拒绝主观判定的无效问卷，确保问卷的数据质量。最终得到有效问卷 328 份。

三、数据分析

（一）描述性统计分析

1. 样本的描述性分析

本研究共发放 360 份调查问卷，经过筛选获得 328 份有效问卷，回收有效率为 91.1%。从企业类型、企业年龄和企业人数三个方面进行样本的描述性统计分析，结果如表 5 - 10 所示。可以看出物流平台企业的占比最大，其次是运输企业包括个体司机，也能侧面反映出运力供给方在网络货运平台生态系统中数量占比较大。企业年龄和规模则相对来说分布比较均匀。

2. 变量的描述性分析

通过 SPSS 25.0 对样本数据进行变量的描述性统计分析，主要包括各测量指标统计量的最大值、最小值、平均值、标准差、方差、偏度和峰度等多个描述统计量。通过测量题项的偏度和峰度分析，判断样本数据是否符合正态分布。一般认为，偏度的绝对值应当在 3 以下，峰度的绝对值应当在 10 以下，就表示样本服从正态分布。从表 5 - 11 的描述性统计分析结果可以看出，本研究的样本数据服从正态分布。

表 5 – 10 样本的描述性统计分析

样本特征	分布情况	数量	占比（%）
企业类型	物流平台企业	206	62.80
	生产制造企业	22	6.70
	商贸企业	11	3.40
	运输企业（个体司机）	71	21.60
	金融保险机构	5	1.50
	科研机构	13	4.00
企业年龄	1~3 年	82	25.00
	4~6 年	88	26.80
	7~10 年	96	29.30
	10 年以上	62	18.90
企业人数	≤10 人	11	3.40
	11~50 人	59	18.00
	51~100 人	72	22.00
	101~300 人	73	22.30
	301~500 人	55	16.80
	>500 人	58	17.70

表 5 – 11 变量的描述性统计分析

编号	N	最小值	最大值	均值	标准差	方差	偏度		峰度	
	统计	统计	统计	统计	统计	统计	统计	误差	统计	误差
EM1	328	2	5	3.54	0.873	0.763	-0.325	0.135	-0.619	0.268
EM2	328	2	5	3.8	0.946	0.895	-0.307	0.135	-0.842	0.268
EM3	328	2	5	3.87	0.92	0.846	-0.431	0.135	-0.648	0.268
PS1	328	2	5	3.84	0.788	0.621	-0.416	0.135	-0.096	0.268
PS2	328	2	5	3.91	0.914	0.836	-0.422	0.135	-0.691	0.268
PS3	328	2	5	3.78	0.833	0.693	-0.426	0.135	-0.258	0.268
PS4	328	2	5	4.06	0.831	0.691	-0.623	0.135	-0.147	0.268

编号	N	最小值	最大值	均值	标准差	方差	偏度		峰度	
	统计	统计	统计	统计	统计	统计	统计	误差	统计	误差
CS1	328	2	5	3.81	0.829	0.688	-0.405	0.135	-0.281	0.268
CS2	328	2	5	3.88	0.906	0.821	-0.483	0.135	-0.518	0.268
CS3	328	2	5	4.13	0.794	0.63	-0.576	0.135	-0.3	0.268
RI1	328	2	5	3.74	0.815	0.664	-0.379	0.135	-0.247	0.268
RI2	328	2	5	3.7	0.92	0.846	-0.25	0.135	-0.75	0.268
RI3	328	2	5	3.77	0.944	0.891	-0.304	0.135	-0.817	0.268
CE1	328	2	5	3.83	0.795	0.631	-0.458	0.135	-0.053	0.268
CE2	328	2	5	3.89	0.912	0.832	-0.414	0.135	-0.672	0.268
CE3	328	2	5	3.78	0.844	0.712	-0.297	0.135	-0.474	0.268
CE4	328	2	5	4.04	0.819	0.671	-0.504	0.135	-0.351	0.268
RC1	328	1	5	3.72	0.926	0.858	-0.568	0.135	-0.275	0.268
RC2	328	2	5	3.89	0.844	0.712	-0.398	0.135	-0.422	0.268
RC3	328	2	5	4	0.867	0.752	-0.538	0.135	-0.419	0.268
RC4	328	2	5	4.11	0.807	0.651	-0.56	0.135	-0.353	0.268
SI1	328	1	5	3.89	0.808	0.652	-0.574	0.135	0.256	0.268
SI2	328	2	5	4.04	0.781	0.61	-0.451	0.135	-0.279	0.268
SI3	328	1	5	4.02	0.829	0.688	-0.752	0.135	0.426	0.268
CL1	328	2	5	3.89	0.801	0.642	-0.66	0.135	0.281	0.268
CL2	328	2	5	4.29	0.849	0.72	-1.045	0.135	0.352	0.268
CL3	328	1	5	4.18	0.81	0.656	-0.861	0.135	0.552	0.268

（二）信度分析

信度分析主要检验问卷的可靠性。当前研究一般采用克伦巴赫系数来衡量各因子的信度（标准为 Cronbach' $\alpha > 0.7$），问卷的信度检验结果如表5-12和表5-13所示，各题项的信度系数都大于0.7，量表整体的信度系数达到0.842，说明量表具有良好的信度。

表 5-12 正式问卷的信度分析

测量变量	编号	CITC	不符合要求的题项删除后的 α 系数	评判	α 系数
高效匹配	EM1	0.745	0.741	保留	0.840
	EM2	0.654	0.828	保留	
	EM3	0.717	0.765	保留	
全景协同	PS1	0.661	0.775	保留	0.825
	PS2	0.649	0.781	保留	
	PS3	0.619	0.793	保留	
	PS4	0.675	0.768	保留	
共治共生	CS1	0.619	0.65	保留	0.761
	CS2	0.577	0.702	保留	
	CS3	0.586	0.689	保留	
资源整合	RI1	0.564	0.72	保留	0.764
	RI2	0.602	0.676	保留	
	RI3	0.629	0.645	保留	
连接赋能	CE1	0.625	0.77	保留	0.814
	CE2	0.63	0.769	保留	
	CE3	0.61	0.776	保留	
	CE4	0.67	0.749	保留	
降本增效	RC1	0.591	0.76	保留	0.799
	RC2	0.623	0.743	保留	
	RC3	0.616	0.746	保留	
	RC4	0.618	0.746	保留	
服务创新	SI1	0.632	0.669	保留	0.774
	SI2	0.606	0.699	保留	
	SI3	0.59	0.717	保留	
信用水平提升	CL1	0.58	0.797	保留	0.802
	CL2	0.681	0.693	保留	
	CL3	0.684	0.69	保留	

表 5 - 13　　　　　　　　各量表的 Cronbach' α 系数

层面	信度							
分量表 α 系数	EM	PS	CS	RI	CE	RC	SI	CL
	0.84	0.825	0.761	0.764	0.814	0.799	0.774	0.802
总量表 α 系数	0.842							

（三）效度分析

效度分析主要检验问卷的有效性，效度表明测量变量能够在多大程度上反映潜变量的特性。效度分为结构效度、收敛效度和区分效度。由于量表是在国内外成熟量表的基础上加以完善得来，且预调研数据分析结果较好，因此拟采用验证性因子分析来检验量表的观察变量与潜变量之间的关系。

首先通过 KMO 与 Bartlett 检验确定量表是否适合因子分析（标准为 KMO > 0.5，$p < 0.001$）。由表 5 - 14 的检验结果可以看出，量表比较适合作验证性因子分析。

表 5 - 14　　　　　　　正式问卷的 KMO 与 Bartlett 检验值

KMO 取样适切性量数		0.852
巴特利特球形度检验	近似卡方	3926.254
	自由度	351
	显著性	0

1. 结构效度检验

采用 AMOS 24.0 进行验证性因子分析。首先进行非标准化路径系数的违犯估计，从 AMOS 的非标准化路径系数输出结果来看，所有残差项的估计参数均为正，且结构路径系数显著。其次检验标准化路径系数的因子载荷和测量模型因子载荷量的平方，从表 5 - 15 的结构效度检验结果可以看出，各题项因子载荷量均大于 0.6，测量模型因子载荷量的平方均大于 0.36，网络货运平台生态系统价值创造的结构模型通过了结构效度检验。

表 5 – 15   结构效度检验结果

编号	非标准化残差估计参数（ >0 ）	标准化因子载荷（ >0.6 ）	标准化因子载荷的平方（ >0.36 ）
EM1	0.21	0.850	0.72
EM2	0.39	0.748	0.56
EM3	0.29	0.809	0.65
PS1	0.28	0.736	0.54
PS2	0.35	0.760	0.58
PS3	0.34	0.712	0.51
PS4	0.31	0.741	0.55
CS1	0.35	0.699	0.49
CS2	0.34	0.768	0.59
CS3	0.34	0.678	0.46
RI1	0.33	0.709	0.50
RI2	0.41	0.716	0.51
RI3	0.39	0.744	0.56
CE1	0.30	0.721	0.52
CE2	0.39	0.726	0.53
CE3	0.33	0.733	0.54
CE4	0.33	0.714	0.51
RC1	0.47	0.671	0.45
RC2	0.35	0.709	0.50
RC3	0.35	0.727	0.53
RC4	0.31	0.721	0.52
SI1	0.27	0.761	0.58
SI2	0.28	0.735	0.54
SI3	0.35	0.697	0.49
CL1	0.37	0.649	0.42
CL2	0.24	0.815	0.66
CL3	0.22	0.814	0.66

2. 收敛效度检验

收敛效度指通过不同方式测量同一构念所得到的测量分数的相关程度，通常用标准化因子载荷、平均方差提取量（AVE）和组合信度（CR）三个指标来评估收敛效度。因子载荷量衡量测量指标在多大程度上被潜变量所支持，所有题项的标准化因子载荷量都大于 0.6，是比较理想的；平均方差提取量衡量各潜变量的测量指标的总体收敛程度，AVE > 0.5 较为理想；组合信度反映同一潜变量的各测量指标之间的内部一致性程度，CR > 0.7 较为理想。

采用 AMOS 24.0 进行收敛效度检验，结果如表 5 - 16 所示。所有题项的因子载荷都大于 0.6，各变量的 AVE 值都大于 0.5，CR 值都大于 0.7，表明题项与变量的相关性较高，量表的收敛效度较好。

表 5 - 16　　　　　　　　　　收敛效度检验结果

测量变量	题项	因子载荷	p 值	组合信度（CR）	平均萃取方差（AVE）
高效匹配	EM1	0.85	0	0.845	0.645
	EM2	0.748	0		
	EM3	0.809	0		
全景协同	PS1	0.736	0	0.827	0.544
	PS2	0.76	0		
	PS3	0.712	0		
	PS4	0.741	0		
共治共生	CS1	0.699	0	0.759	0.513
	CS2	0.768	0		
	CS3	0.678	0		
资源整合	RI1	0.709	0	0.767	0.523
	RI2	0.716	0		
	RI3	0.744	0		

续表

测量变量	题项	因子载荷	p 值	组合信度（CR）	平均萃取方差（AVE）
连接赋能	CE1	0.721	0	0.815	0.524
	CE2	0.726	0		
	CE3	0.733	0		
	CE4	0.714	0		
降本增效	RC1	0.671	0	0.8	0.5
	RC2	0.709	0		
	RC3	0.727	0		
	RC4	0.721	0		
服务创新	SI1	0.761	0	0.775	0.535
	SI2	0.735	0		
	SI3	0.697	0		
信用水平提升	CL1	0.649	0	0.806	0.583
	CL2	0.815	0		
	CL3	0.814	0		

3. 区分效度检验

区分效度用来衡量不同构念间的区别程度。表 5-17 显示了潜变量间的相关系数矩阵，观察区分效度的检验结果可以看出，对角线上各潜变量的 AVE 值的平方根均大于其所在行与列的相关系数，说明量表的区分效度较好。

表 5-17 区分效度检验结果

变量	EM	PS	CS	RI	CE	RC	SI	CL
EM	**0.803**							
PS	0.331	**0.737**						
CS	0.105	0.306	**0.716**					

变量	EM	PS	CS	RI	CE	RC	SI	CL
RI	0.112	0.337	0.247	**0.723**				
CE	0.099	0.033	0.01	0.011	**0.724**			
RC	0.02	0.007	0.002	0.002	0.206	**0.707**		
SI	0.111	0.212	0.149	0.59	0.463	0.095	**0.731**	
CL	0.029	0.086	0.063	0.254	0.003	0.001	0.15	**0.763**

注：对角线上的粗体数字是 AVE 的平方根；对角线以下的数字是变量间的相关系数。

四、结构方程模型分析

一般认为，样本容量达到 100 ~ 200 个（侯杰泰等，2004），且每个潜变量至少有三个观察指标，可以采用结构方程模型对潜变量之间的关系进行验证。本书的有效样本容量 $N = 328$，每个潜变量的观察变量都在 3 ~ 4 个。因此可以进行结构方程模型分析。

（一）模型拟合

结构方程模型包括测量模型与结构模型两个基本的模型，本节将进行测量模型的拟合。网络货运平台生态系统价值创造的原始结构模型如图 5 – 5 所示，模型适配度检验结果如表 5 – 18 所示。观察适配度指数，卡方值与自由度比值为 1.508，符合 1 ~ 3 的标准，拟合优度指数 GFI = 0.903（ > 0.9），增值拟合指数 IFI = 0.957（ > 0.9），比较拟合指数 CFI = 0.957（ > 0.9）、TLI = 0.952（ > 0.9），近似误差均方根 RMSEA = 0.039（ < 0.05），均达到显著性水平，其中修正拟合优度指数 AGFI = 0.883（ > 0.8）达到合理水平。总体来说，各项统计测量指标都能较好地与拟合数据相匹配，测量模型的适配度良好。

（二）假设检验

本节进行结构模型的验证，通过网络货运平台生态系统价值创造过程的结构方程模型，检验所提出的研究假设。网络货运平台生态系统价值创造结构方程模型中包含八个变量：高效匹配、全景协同、共治共生、资源整合、连接赋能、降本增效、服务创新以及信用水平提升，其间共有 8 条路径。从结构模型的路径检验结果来看，在 $p<0.05$ 的程度下存在不显著的路径，但拟合指标均达到标准，考虑对模型进行修正，即删减变量或者路径。由于各项测量变量已经进行了充分的理论分析和实证检验，因此不考虑改动变量，而选择对路径进行删除。根据 AMOS 24.0 给出的修正建议（MI 值），选择删除路径 PS→RI，然后再次进行拟合。

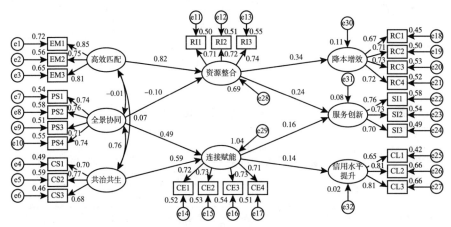

Chi/DF=1.508 GFI=0.903 AGFI=0.883 IFI=0.957 TLI=0.952 CFI=0.957 RMSEA=0.039

图 5-5　网络货运平台生态系统的结构模型

表 5-18　　　　　　　　　　模型适配度检验结果

适配度统计量	χ^2/df	GFI	AGFI	IFI	TLI	CFI	RMESA
统计值	1.508	0.903	0.883	0.957	0.952	0.957	0.039
评价结果	理想	理想	合理	理想	理想	理想	理想

各拟合指标如图 5-6 所示，均达到拟合标准，各潜变量之间的路径显著性检验结果如表 5-19 所示，各路径均通过了显著性检验。其中，标准化系数显示了各路径关系的重要程度，路径的标准化系数越大，说明该条路径的影响关系越大。

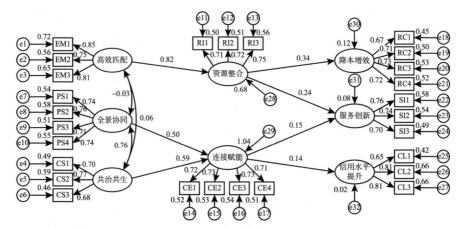

Chi/DF=1.515 GFI=0.903 AGFI=0.883 IFI=0.957 TLI=0.951 CFI=0.956 RMSEA=0.040

图 5-6 删除路径 PS→RI 后的修正模型

表 5-19 删除路径 PS→RI 后的修正模型路径检验结果

路径关系	Estimate（非标准化系数）	Standardized（标准化系数）	S. E.（Scalar Estimates）	C. R.（Critical Ration）	p	结果
CE←CS	0.68	0.592	0.103	6.613	***	支持
CE←PS	0.516	0.495	0.083	6.202	***	支持
RI←EM	0.638	0.825	0.06	10.622	***	支持
RC←RI	0.37	0.343	0.077	4.825	***	支持
SI←RI	0.256	0.239	0.075	3.424	***	支持
SI←CE	0.147	0.148	0.063	2.321	*	支持
CL←CE	0.116	0.139	0.054	2.176	*	支持

注：$*p < 0.05$，$**p < 0.01$，$***p < 0.001$。

（三）实证结果与讨论

本章对网络货运平台生态系统的价值创造机理进行了实证研究，通过结构方程模型的拟合与路径分析对研究假设进行了检验，检验结果如表 5-20 所示。本节对实证研究的结果进行讨论，包括对通过检验的研究假设的解释和对未通过检验的研究假设做出说明。

表 5 – 20　　　　　　　　　　　　假设检验结果

假设	描述	结果
H5 – 1	高效匹配的价值主张能够正向影响平台进行资源整合（EM→RI）	支持
H5 – 2	全景协同的价值主张能够正向影响平台进行资源整合（PS→RI）	不支持
H5 – 3	平台进行资源整合能够正向影响降本增效的实现（RI→RC）	支持
H5 – 4	平台进行资源整合能够正向影响服务创新的实现（RI→SI）	支持
H5 – 5	全景协同的价值主张能够正向影响平台进行连接赋能（PS→CE）	支持
H5 – 6	共治共生的价值主张能够正向影响平台进行连接赋能（CS→CE）	支持
H5 – 7	平台进行连接赋能能够正向影响服务创新的实现（CE→SI）	支持
H5 – 8	平台进行连接赋能能够正向影响信用水平的提升（CE→CL）	支持

1. 高效匹配的价值主张促进平台进行资源整合

根据实证研究结果，网络货运平台生态系统提出高效匹配的价值主张能够较大程度地促进平台进行资源整合。高效匹配的价值主张在指向性上更倾向于物流服务供需双方，但是对第三方服务提供商来说，只有实现了车货的高效匹配，核心物流活动才能得以运转，才有机会获得更大体量的业务合作以及创新的服务模式。这就形成了系统整体具有一致性的价值主张，从而促使平台进行更大规模的资源整合。这里的资源不仅包括货物资源和运力资源，更是涵盖能够为平台利用并且为平台参与主体创造价值的资源，包括信息资源、用户资源、能力资源等。高效匹配的需求是促进平台进行资源整合的推力。

2. 平台的资源整合机制促进降本增效和服务创新的实现

根据实证研究结果，网络货运平台的资源整合机制能够中等程度地促进降本增效和服务创新的实现。在平台经济背景下，平台企业通过对业务关联企业的信息资源、利益相关用户的知识和能力资源等进行集聚与整合，实现互补性资源共享、全链路流程协作、业务关联企业协同规划、过程控制与服务创新等活动。平台企业进行资源整合的基本目标是提高平台生态系统整体的运营效率，发挥系统内资源的最大价值；降低平台参与主体的信息搜寻、交易匹配以及物流运输成本，增加参与主体间合作关系的稳定性，实现平台整体经济效益的提升。在网络经济时代下，善于整合内外部资源的企业将拥有更多的创新机会。平台通过资源整合，强化各物流组织间的合作，化零为整，将个体资源力量转化为系统整体资源力量，融合成为有机整体，共享增量收益，形成较强的资源整体竞争力，从而实现降本增效和服务创新，进一步促进平台系统的演化和发展。

3. 全景协同和共治共生的价值主张促进平台进行连接赋能

根据实证研究结果，网络货运平台生态系统提出全景协同和共治共生的价值主张能够较大程度地促进平台进行连接赋能。网络货运平台通过优化资源配置，连接物流供应链上下游，实现全流程业务闭环，为客户提供全流程可视、可控、可追溯的一体化物流服务。通过技术能力进行业务场景的快速适配和流程再造，整合信息资源，实现信息化升级，汇聚全流程业务数据实现数字化提升和全链路高效联动。平台的连接赋能机制提供了线上化、透明化的全场景协同作业模式，为上游货主企业提供货物安全保障和透明的物流节点，为下游个体司机提供发票服务和权益保障，实现平台系统成员的共同治理和共同发展。

4. 平台的连接赋能机制促进服务创新和信用水平的提升

根据实证研究结果，物流平台的连接赋能机制能够较小程度地促进服务创新的实现和信用水平的提升。供应链上下游企业间的连接以及企业内部经营决策间的连接是消除数据、信息、系统之间割裂的有效机制，同时为提高协同作业效率提供基本保障。平台为系统成员赋能，使其拥有更大的发展空间，在业务层面体现为业务信息化、流程自动化、服务体验创新化。通过互联互通的全链路企业间业务数据的联通，完整记录用户全程行为，刻画用户信用画像，促进物流行业信用体系的构建与完善。因此，平台通过连接赋能机制能够有效促进服务的创新以及行业信用水平的提升。

5. 未通过检验的研究假设说明

H5 – 2：全景协同的价值主张能够正向影响平台进行资源整合，在 $p <$ 0.05 的水平上并不显著，未通过结构方程模型的检验。在最初的结构方程模型路径分析结果中，PS →RI 路径的因子载荷系数为负数，说明资源整合对全景协同有一定程度的影响。全景协同的价值主张是在高效匹配的基础业

务主张得以满足的基础上，为获得良好服务体验而进一步提出的价值主张。高效匹配的价值主张直接促进平台进行资源整合，而后才提出全景协同的价值主张，在时间维度上的关系表明，该条路径存在逻辑问题，因而未能通过假设检验。从理论上来分析，全景协同的价值主张更多的是表达业务流程自动化、一站式服务便捷化的需求，这更需要平台去进行业务间的连接与协同，是在相关资源已经得以整合的基础上对服务体验的创新。因此，全景协同的价值主张并不能正向影响平台进行资源整合。

第六章　网络货运平台战略更新

第一节　网络货运平台战略更新的理论框架

共享经济的发展促使具有平台性质的企业在生产生活及公共服务领域大量涌现，平台型企业及其客户在价值共创活动中，逐步演化出一种介于市场与科层制组织之间的组织结构——服务生态系统。第二章对企业战略更新的相关理论进行了论述，本节基于企业战略更新的三个共性要素，分析服务生态系统战略更新的特征，进而构建网络货运平台战略更新的理论框架。

一、科层制组织模式 VS 服务生态系统

一般管理理论学派的代表人物马克思·韦伯（Max Weber）认为科层制是组织结构理想的和合理的形式，特别是对大型组织（罗宾斯，2015）。科层制组织呈现工作专门化、正式的规章制度、严格的部门划分、清晰的指挥链、金字塔形结构的窄小管理幅度和集权等典型特征。由于具有广泛的适应性，科层制组织为多种类型的组织机构提供了一种有效的组织方式。

网络货运企业依托平台对接双边用户建立起来的虚拟组织则是服务生态系统的一种表现形式。由于其打破了传统企业内部管理中的科层制模式，服务的提供者不必在严格规定的时间、空间下工作，造成平台企业对时间、空间以及现场生产过程直接控制的减少。参与者之间依靠松散耦合的弱契约关系连接，外部参与者对自身的资源拥有完整的所有权，其决策也具有显著的

自主性（Chen et al.，2022）。

服务主导逻辑的公理 5 提出"价值共创是由参与者产生的制度和制度安排来协调的"（Vargo & Lusch，2017）。这些制度包括人类设计的规则、规范和信念。它们使行动成为可能并约束行动（Scott，2008）。参与者会依据自身所处外部环境的变化来改变其行为选择，并通过与其他参与者的互动在制度产生和更新过程中进行合作（辛本禄和刘燕琪，2021）。制度和制度安排在价值创造活动中起到使能和约束的双重作用（Vargo & Lusch，2016）。

二、企业核心能力变革 VS 参与者能力更新

企业战略更新研究中，将核心能力细分为运营能力和动态能力，企业在实施战略更新时，两类能力都需要进行重构或提升（Warner & Wäger，2019）。崔淼和周晓雪（2021）在面向在位企业实施数字化战略更新的质性元分析研究中，对动态能力和运营能力的构成要素进一步分析，认为动态能力包含环境感知能力、机会利用能力和资源重构能力，运营能力包含数字营销能力及产品开发能力。也有学者对不同规模企业的战略更新进行研究，认为中小企业同样面临战略更新问题（Jones & Macpherson，2006；方琳，2017）。

在以平台为基础的服务中，除了要关注"赢者通吃"的竞争逻辑，持续扩大用户规模之外，平台系统竞争力的提升需要在持续扩大产品（服务）组合和吸引互补服务提供商提供有竞争力的产品（服务）之间做好平衡（Cennamo & Santalo，2013）。也有学者认为"赢者通吃"是平台之间竞争的自然结果，质疑仅仅以用户规模考量平台绩效的理论逻辑（Evans，2003）。互补服务提供商的能力对平台的绩效有重要的影响。当平台企业推动服务生态系统实施战略更新时，互补服务提供商由于缺乏战略思维、技术能力受限、人才匮乏和应对市场需求动态变化能力差，常常缺少行动力，无法迅速跟进战略更新（王节祥等，2021）。网络货运平台企业构建的生态系统面临战略更新压力时，除平台企业外，作为互补服务提供商的个体车主、合同车队等都要推进能力更新，以适应服务生态系统的变化。

三、资源基础型/认知型路径依赖 VS 共享制度型路径依赖

路径依赖分析在战略更新研究中的应用，主要从资源视角和学习视角展开。资源视角的研究以资源基础观和动态能力为理论基础，主要关注企业核心竞争力与商业环境变化不一致时，不可模仿、不可替代资源的路径依赖问题，认为企业在发展受限时会努力修改资源基础以填补能力的缺失（Capron & Mitchell，2009）。学习视角的研究来源于企业对探索式和利用式学习的平衡。认知的惯性导致管理者倾向于依赖以往成功的知识和经验来解决当前的问题（崔淼和周晓雪，2022）。高层管理人员认知和思维模式的改变，进而带动行为的改变，有助于最终实现组织的战略更新。

服务生态系统作为一种特殊的组织结构，在内外部情境发生变化时，服务生态系统也面临战略更新问题。服务生态系统中的参与者通过共享制度逻辑而彼此相连，制度的维持、变迁与打破推动了服务生态系统的发展与升级（Vargo & Lusch，2011）。诺思（2008）认为制度变迁存在路径依赖，报酬递增是形塑制度变迁长期路径的一种力量。历史制度主义认为，关键节点形成的制度具有持续性特征，以关键节点为重要起始点，在其后达到新的制度均衡，并形成路径依赖（邢喜凤，2024）。因此，在制度化工作中，制度的维持更容易发生（辛本禄和刘燕琪，2021）。

四、理论框架的架构

根据前述对比分析，研究团队认为平台企业及其各方参与主体所构成的服务生态系统中，受外部情境突变的影响，系统内部的冲突机制将导致部分参与主体改变认知和行为，从而冲击现存的共享制度。由于存在路径依赖，分歧者在正反馈机制的作用下产生妥协，共享制度保持不变，服务生态系统重新回到原有发展轨道；反之，分歧者保持对抗，造成共享制度瓦解。服务生态系统中的平台企业实施能力更新，其他参与主体（互补服务提供商）借助平台企业的转型采用"依附式升级"（陈威如和王节祥，2021）或者

"嵌套式升级"（王节祥等，2021）等策略实现能力更新。服务生态系统各方参与主体的能力更新将重构互动机制，并促使共享制度发生重构，形成新的制度集合，从而推动整个服务生态系统实现战略更新，如图 6-1 所示。

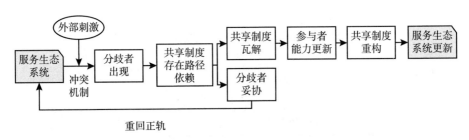

图 6-1　服务生态系统战略更新的理论框架

第二节　网络货运平台战略更新的外部影响因素

2019 年 9 月，《网络平台道路货物运输经营管理暂行办法》（以下简称《暂行办法》）出台，取代了运行三年多的《关于推进改革试点加快无车承运物流创新发展的意见》（以下简称《意见》），成为指导中国物流平台型企业创新发展的重要文件。从"无车承运人"到"网络货运经营者"，变化的不仅是名称，也是对无车承运人试点后暴露出的问题的修正和对规范"互联网+"物流新业态发展的政策指导。新政策的出台，产生了以下四个方面的变化。

一、资源投入的要求

交通运输部启动无车承运人试点时，《意见》仅从运输资源整合、信息平台建设、安全生产制度和赔付能力四个方面规定了申报的基本条件，具体可量化条件可以由各地方交通主管部门细化。2019 年《暂行办法》出台当月，交通运输部即出台《网络平台道路货物运输经营服务指南、部网络货运信息交互系统接入指南、省级网络货运信息监测系统建设指南》，提出了网络货运平台建设的具体要求，如表 6-1 所示。

表6-1   网络货运平台建设要求

类别	具体要求
无车承运人	具备较为完善的互联网物流信息平台和与开展业务相适应的信息数据交互及处理能力,能够通过现代信息技术对实际承运人的车辆运营情况进行全过程管理
网络货运经营者	(1) 取得《增值电信业务许可证》、三级及以上信息系统安全等级保护备案证明; (2) 按照要求,完成网络平台接入省级网络货运信息监测系统; (3) 明确提出"网络平台具备信息发布、线上交易、全程监控、金融支付、咨询投诉、在线评价、查询统计、数据调取等功能"; (4) 列举"信息审核、签订合同、运输过程监控、交付验收、运费结算、信息上传、保险理赔、投诉处理、信用评价"等服务流程及要求

从平台建设的具体要求来看,不仅有对运营资质的要求,还有对数据接入、平台功能模块和服务流程的要求。各省级交通运输管理部门在严格市场准入的情况下,物流平台企业申请网络货运经营资质,无疑需要加大资源投入,特别是连续性的信息平台研发费用投入。

二、合规运营的要求

《暂行办法》的出台,从严格经营管理和加强监督检查两个方面进一步强化了网络货运经营者合规运营的要求。在经营管理方面,"对网络货运经营者有关承运车辆及驾驶员资质审核、货物装载及运输过程管控、信息记录保存及运单数据传输、税收缴纳、网络和信息安全"都有明确的要求;在监督检查方面,积极探索创新监管手段和方式,充分利用信息化手段加强网络货运经营的运行监测和监管。

在合规运营的要求下,网络货运经营者的经营活动既要符合道路运输的相关规定,如《中华人民共和国道路运输条例》,不得虚构交易、运输、结算信息,不得相互委托运输服务,要加强对运输交易全过程的实时监控和动态管理,采取承运人责任保险等措施;也要按照《电子商务法》《税收征收管理法》的要求,做好信息记录和保存,遵守国家网络和信息安全的有关规定,严格数据保密管理,坚守税收安全"红线",不虚开虚抵增值税发票，依法履行纳税或扣缴税款义务。各省级交通运输管理部门通过严把能力认定、严肃能力年审、严谨资质续期，力图全面提升企业数据的技术合规性、业务合规性，客观上要求物流平台企业加强能力建设，实施能力更新。

三、安 全 生 产 的 要 求

《意见》要求试点企业"具备健全的安全生产管理制度""加强对实际承运人运输生产安全的管理，强化运输过程的安全监管"。2019 年《暂行办法》进一步明确了坚守运输安全"底线"的基本原则，特别突出了对安全生产的重视，明确提出"网络货运经营者应按照《中华人民共和国安全生产法》的规定，建立健全安全生产管理制度，落实安全生产主体责任"，从事零担货物运输的，还应当按照《零担货物道路运输服务规范》的相关要求，对货物进行安全检查或开封验视。

网络货运经营者作为平台型企业，主要通过对接个体车主为货主提供运输服务。由于个体车主空间上高度分散，通过传统方式设置专职安全生产管理人员进行现场监督的工作办法难以奏效。需要平台进一步完善安全生产监管功能模块，加强实时监控和动态管理。例如，在车辆入网时，对实际承运车辆及驾驶员资质进行审验；在交易环节中，对装载车辆设置符合国家标准的装载阈值，确保交易货物符合车辆限定的载重量，货物尺寸不超限；货物装运前，核实车辆和驾驶人员，保证线上提供服务与线下实际提供服务的一致等。

四、保 护 司 机 权 益 的 要 求

无车承运人和网络货运的出现，逐步将个体车主转变为新形态从业人员。不管网络货运平台采用哪种商业模式，其平台服务的本质属性不会发生变化。新就业形态打破了工业化阶段形成的控制方式，新形态从业人员与传统劳动关系相比更加弹性化和灵活化，也提升了新形态从业人员的利益博弈能力。

《暂行办法》要求网络货运经营者应当健全交易规划和服务协议，明确实际承运人权益保护规定。在"车多货少"、货主掌握话语权的情况下，网络货运平台需要具备调控能力，避免货主恶意压低运价、超时劳动，保障一线卡车司机的获得感，推动货主—车主形成合理的运费机制。由于平台服务中的许多工作被算法精密控制，算法提供了较以往管理方式更加全面、及时、交互和不透明的方式（赵炜，2023）。因此，平台企业的调控主要是通过算法的优化来实现的。

从上述四个方面看，政策作为影响网络货运发展的外部情境，无疑对整个行业的发展产生了重要影响。因此，本研究认为可以将《暂行办法》的出台视为一种外部情境的变化，由此形成的刺激会推动共享制度的重构，进而推动网络货运企业的战略更新。

第三节　网络货运平台战略更新的能力解构

一、研究方法

本研究采用的研究方法是侧重于内容分析的文本分析法。内容分析的关键在于对内容进行有效的、可再现的判断，其实质是分析内容中所包含的信息，并且通过信息的变化进行正确的分析推理。内容分析法的基本步骤是：提出研究问题、抽取文献样本、确定分析单元、制定类目系统、内容编码与统计、解释与检验（邱均平和邹菲，2004）。通过上述步骤，达到量化分析文本内容的目的，从而得出具有社会科学意义的研究结果（瞿海源等，2013）。

在各领域的创新研究中，利用评奖项目所形成的申报或者获奖案例文本库进行多案例文本分析的思路和方法已经较为成熟（张海柱等，2022）。课题组所采用的文本资料来自中国物流与采购联合会每年组织物流类相关企业申报的信息化案例。案例是对无车承运人（网络货运平台）创新活动的完整描述，具备真实性和可信度。这些材料撰写格式较为规范，内容表述准确，具有标准化的格式，包含背景与起因、主要做法、采取成效以及未来发展设想等几个部分，能够较好地涵盖课题研究的主要问题。

课题组使用的文本分析和数据统计工具是 NVivo Release 1.2 软件。NVivo 软件支持定性研究方法和混合研究方法，可以系统分析各类文本信息、非文本信息，将其转化为可以统计的量化数量。课题研究使用 NVivo 软件对中国物流与采购联合会发布的信息化优秀案例集中涉及无车承运人（网络货运平台）的案例文本进行编码处理。

二、数据来源

（一）样本选择

中国物流与采购联合会每年组织物流类相关企业申报信息化案例，并开展优秀案例评选活动。入选的案例列入当年的《中国物流与采购信息化优秀案例集》。每年的案例集大体上可以反映此前一年中国物流与采购领域信息化的发展情况，具有很强的代表性。2020 年，根据中国物流领域的发展实际，案例集更名为《中国物流与供应链信息化优秀案例集》。《暂行办法》出台后，在资源投入、合规运营、安全生产和司机权益保护等方面对整个行业产生了重大的影响，平台企业积极应对行业变化，实施战略更新。因此，采用 2017—2021 年该系列案例集中的案例进行分析。由于每年的案例会进行分类，研究团队首先整理 5 年来涉及无车承运人（网络货运平台）的案例 82 个。经阅读后，剔除由软件开发企业提供、无实际物流运营业务的案例共计 30 个。考虑个别企业在申报时选择的案例分类可能不准确，对 5 年来的案例进行通读后，增补案例 16 个，总案例数 68 个，其中《暂行办法》出台前相关案例 38 个，出台后相关案例 30 个，如表 6 - 2 所示。具体选择的案例企业情况见附录 C。

从案例企业所处的地域分类来看，如表 6 - 3 所示，安徽、江苏、陕西、上海和天津等地入选案例数量较多，也反映出这些地区的网络货运企业发展较为活跃。

表 6 - 2 优秀案例集中遴选的案例

优秀案例集	2017 年	2018 年	2019 年	2020 年	2021 年	合计
初选案例（个）	19	20	15	16	12	82
剔除案例（个）	8	10	8	1	3	30
增补案例（个）	2	6	2	3	3	16
合计（个）	13	16	9	18	12	68

表 6 - 3 优秀案例集中遴选的案例企业来源地统计

地域	案例数量（个）	地域	案例数量（个）
安徽	7	福建	2
江苏	6	广东	2
陕西	6	广西	2
上海	6	吉林	2
天津	6	湖北	1
河南	5	江西	1
湖南	4	内蒙古	1
浙江	4	宁夏	1
河北	3	山东	1
辽宁	3	四川	1
山西	3	云南	1

通过对案例企业的阅读，可以依据企业设立的情况分为两类，如图 6 - 2 所示，一类是具有互联网基因的科技企业进入物流行业后单独创设的无车承运人（网络货运）平台，另一类是本身从事物流业务的企业，通过信息化平台开发涉足无车承运人（网络货运）业务。为了对这两种类型的案例企业加以区分，课题研究使用单独创设和依附创设以示区别。从两类企业的数量看，5 年内共有 36 家单独创设和 32 家依附创设的无车承运人（网络货运）企业案例入选优秀案例集，总体数量大体相当。

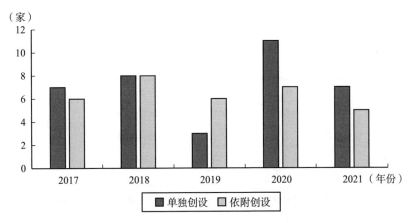

图6-2 不同类型企业案例入选优秀案例集的数量

（二）效度分析

首先，通过具有清晰筛选标准的案例选择方法，确保每个案例都与研究问题有关，并采用多案例设计，能够得出较为普适的研究结论，提升了结果的外部效度。其次，由两位熟悉网络货运平台服务的研究者分别对每个案例进行逐条编码分析，对不一致的编码进行探讨，得到较为准确的编码列表。对每个案例的编码以及得出的维度和构念都进行清晰的展示。最后，利用三角验证的方式来提高研究的有效性，对案例描述中不完整或者不确定之处，采用额外的数据来源进行补充分析。

三、能力解构分析

通过严谨的数据分析，从68个案例中提炼出动态能力和运营能力两类核心能力。动态能力包括环境感知能力、机会利用能力、资源整合能力。其中，环境感知能力包括外部环境监测、内部环境分析；机会利用能力包括机会发现与捕捉、引导参与主体变革和外部合作；资源整合能力包括外部资源整合、内部资源重构和优化资源基础。运营能力包括产品开发能力和作业管控能力。其中产品开发能力包括技术经验、产品与服务、快速响应；作业管控能力包括资源/能力管控、风险管控、质量管控和智能决策。各能力的编码情况如表 6 - 4 所示。

表 6 - 4　　　　　　　　　　　能力构成的数据编码

一阶编码	二阶编码	聚合维度	分类
分析行业发展、诠释外部竞争环境、关注国家政策	外部环境监测	环境感知能力	动态能力
优劣势分析、业务发展设想、引领行业发展	内部环境分析		
关心关爱车主、设计新商业模式、数据资源开发利用	机会发现与捕捉	机会利用能力	
重构客户渠道、帮助客户搭建运力池、培养用户习惯、为客户赋能、提升客户信息化水平	引导参与主体变革		
服务产业供应链、合作开发增值服务、线上线下协同、与客户共创价值	外部合作		
货源整合能力、运力组织能力、对接线下物流园区	外部资源整合	资源整合能力	
沉淀"熟车"资源、沉淀优质客户资源、业务模式优化	内部资源重构		
建立生态系统、轻资产运营、塑造生态文化	优化资源基础		
特定行业经验、与业务匹配的信息平台建设、专业技术团队	技术经验	产品开发能力	运营能力
支持货主多元选择、多终端联动、提供服务解决方案	产品/服务		
精准匹配、迅捷支付	快速响应		
精细化运力管理、赔付能力、网络辐射能力、优化业务流程、自建运力资源	资源/能力管控	作业管控能力	
保障安全生产、税务合规、完善风控体系、业务全程透明化管理	风险管控		
服务质量管理能力、集团化管控能力、建设线下服务网点	质量管控		
供应链全程数据协同管理、平台数据采集与分析、智能调度、建立业务数据链	智能决策		

（一）动态能力的微观构成要素

通过数据分析发现，网络货运企业（无车承运人）着力强调了环境感知能力、机会利用能力、资源整合能力三种动态能力。基于严谨的编码分析技术，课题组识别出三种动态能力的微观构成要素。

1. 环境感知能力

随着互联网技术对物流行业的渗透，叠加"营改增"，对于新兴的网络货运（无车承运）行业，无论是传统物流企业转型进入，还是互联网企业跨界进入，都面临复杂多变的内外部环境。企业在能力构建时，通过对外部环境的监测和判别，识别机遇与挑战；通过对内部环境的分析与诊断，识别优势与劣势，并最终形成组织层面的能力——环境感知能力。

外部环境监测是平台企业对组织的外部因素，如产业政策变化、行业竞争对手、新产品/服务、突发事件等进行监测，进而结合自身资源和能力进行评估的活动或者事件，主要包括分析行业发展、诠释外部竞争环境、关注国家政策等。例如，案例 C1 提出"大中型企业物流及第三方物流企业信息化意识普遍提高，信息化进程正在加快"，案例 C13 提出"对于传统物流企业来说，先天缺乏互联网因子是普遍硬伤"，案例 C25 提出"物流行业作为基础产业，国家政策密集发布从而支持物流行业创新、转型、发展"。

内部环境分析是平台企业对组织的内部因素，如市场份额、成本优势、品牌形象、管理水平、关键技术与设备等因素进行分析，诊断企业所面临的竞争态势和自身的优劣势，并描绘企业未来发展方向、设想的活动或者事件，主要包括优劣势分析、业务发展设想、引领行业发展等。例如，案例 C53 认为企业优势在于"物流运输行业已积累数年的物流经验，形成胜途特有的物流运输体系，以及成熟的物流运输模式"，案例 C10 提出企业将从稳定现有客户、完善无车承运平台、加强与知名无车承运人企业合作等方面发展业务，案例 C13 提出"要通过培育一批理念创新、运作高效、服务规范、竞争力强的无车承运人，引导货运物流行业的规模化、集约化、规范化发展"。

2. 机会利用能力

传统企业在实施数字化转型时，存在着认知惯性（崔淼和周晓雪，2022）。互联网企业跨界进入同样面临对物流行业运营规律与经验不足的问题。企业在能力构建时，结合现有资源从外部识别机会，并主动与资源所有者建立连接。作为一个多主体参与的生态系统，平台企业战略构想的实现需要其他参与主体的能力支持。这些对于机会的把握形成了组织层面的能力——机会利用能力。

机会发现与捕捉是企业利用现有资源从外部识别机会的过程，主要包括关心关爱车主、设计新商业模式、数据资源开发利用等。例如，案例 C26 提出"通过建设全国范围内的司机之家，为全国数千万货运司机提供服务"，案例 C7 认为"企业在提供增值服务的同时，也实现了商业模式从单纯的基础服务收入转向为客户创造新价值"，案例 C19 提出"平台将数据开发得到的情报提供给集团企业及供应链企业，用于招投标、竞争对手分析、品牌监测等，让企业及时、全面、准确地了解了企业需求、竞争对手"。

引导参与主体变革是平台企业激发平台其他参与主体提升能力的活动或者事件。相较于平台企业的技术和人才，其他参与主体存在战略思维不足、技术能力受限、人才匮乏等问题（王节祥等，2021），对行业变革缺乏主动应变的能力。平台企业主要采取重构客户渠道、帮助客户搭建运力池、培养用户习惯、为客户赋能、提升客户信息化水平等。例如，案例 C20 提出"将无车承运经纪人组织起来，成立多家覆盖全国的无车承运联盟，共享并优化他们的个性化运力及上下游生意网"，案例 C13 提出"客户企业可以根据自身的业务需求，在路歌已有运力资源的基础上整合应用适合自己的运力资源"，案例 C38 认为"传统物流运输业务模式在大部分企业中根深蒂固，平台企业要正确引导客户，配合客户逐步转变，降低业务模式的转变对客户业务带来的影响，让企业平稳地度过磨合期"，案例 C14 认为客户企业使用路歌无车承运平台"提升了企业整体经营效率，对企业业务流程改造与竞争模式产生积极影响"，案例 C7 提出"其无车承运人的智能物流信息系统建设提升了自身和供应链上下游企业的信息化水平，改善了信息的共享程度"。

外部合作是平台企业为了丰富生态系统，向平台其他参与主体提供更多样化的增值服务而与外部企业进行合作，主要的合作对象包括银行、保险公司、汽车生产企业、ETC 发行企业和汽车维修保养企业等。例如，案例 C7 提出"平台的实施实现了为企业及其供应链伙伴创造经济效益"，案例 C5 提出"平台企业分别从线上积微运网平台、线下实体物流板块为客户提供一站式整体解决方案",案例 C15 提出"引流汽车贸易经营消费转入平台资源注册挂靠,开发上游企业客户汽车租赁业务并配套实施车队、车辆托管,为汽车后市场布局",案例 C40 提出"嵌入钢铁产业链,帮助客户提升运营效率和资金效率"。

3. 资源整合能力

网络货运(无车承运)平台企业除了发现并捕捉机会外,更重要的是将机会转化为真实的业务场景。现实中平台企业自身所掌控的资源是有限的,无论是强化核心业务,还是开发增值业务,都需要进行资源整合,激发现有资源的"新"价值,获取具有稀缺性的新资源,重构或改变原有的资源基础,以适应不断变化的内外部环境。整合内外部资源、优化资源基础等活动是对企业各种战略要素的优化,并形成组织层面的能力——资源整合能力。

外部资源重构是平台企业在业务开拓进程中扩大对外部资源的吸纳以及对吸纳的资源进行重构的活动。主要包括对接线下物流园区、提升货源整合能力和运力组织能力等。例如,案例 C55 提出"远孚依托全国范围物流园区的联动,形成区域网络连接,助推产业集成,从而实现供应链的全面管理",案例 C5 提出"积微物联通过线上平台整合大量运输需求(货源)",案例 C2 提出"在下游整合各类物流服务供应商,包括第三方物流(3PL)、专线公司、车队、司机、物流园和仓储公司,合作物流服务供应商已达 500 家"。

内部资源重构是平台对积累的企业内部资源进行重构的活动。由于平台企业的特殊性,会对一些长期合作的外部资源产生"锁定效应",呈现出外部资源内部化的特征。在进行能力要素分析时,将这些资源视同为内部资源。平台企业表现出的能力包括沉淀"熟车"资源、沉淀优质客户资源、业务模式优化等。例如,案例 C27 提出"平台系统根据企业历史发货订单数据信息,将超过两次以上合作的司机拉入企业运力储备库",案例 C25 提出"平台开始承接这几年沉淀的优质客户的货源",案例 C5 提出"打造以竞价抢单功能为特色、以承运商管理为核心、以全程运输监控为保障的业务模式"。

优化资源基础是指平台企业进行资源结构或组合上的调整,即核心资源的获取、剥离或替代等，主要包括轻资产运营、建立生态系统、塑造生态文化等活动。例如，案例 C13 提出"'轻资产'的业务模式有助于其业务的快速发展和扩张"，案例 C20 提出"通过平台集聚效应和资源洼地效应，进入物流金融、保险、消费、卡车后服务等领域，拓宽平台盈利点，形成一个闭环的生态产业链"，案例 C20 提出"通过组建联盟引领行业走向抱团合作、共享共赢的行业健康生态"。

（二）运营能力的微观构成要素

通过数据分析发现，网络货运企业（无车承运人）着力强调了产品开发能力和作业管控能力两种运营能力。基于严谨的编码分析技术，课题组识别出两种运营能力的微观构成要素。

1. 产品开发能力

在政策环境和市场环境的快速变化中，企业需要将对客户需求的洞察快速转化为产品，利用自身的技术经验，满足客户的多样化、个性化需求，为客户提供有价值的产品和服务。因此，平台企业积极发展组织层面的能力——产品开发能力。

（1）技术经验。技术经验是指平台企业在构建并运营网络货运平台过程中，所积累的和产品开发相关的技术经验，包括对特定行业的理解、与业务相匹配的信息平台架构以及专业的技术团队等。由于平台企业服务对象的多元化，客户对物流服务的需求存在较大差别，部分客户服务还需要定制化，因此在特定行业的经验是产品开发能力的重要支撑。例如，案例 C7 提出"企业要依靠无车承运人企业高水准的供应链专家队伍、成熟的业务流程和稳健完备的信息技术支撑系统"，案例 C62 提出"信息系统的建设应与企业的战略及业务发展相匹配"，案例 C13 提出"企业 10 余年沉淀下来一支既了解行业发展，又具备高素质的技术力量的专业技术团队"。

（2）产品/服务。产品/服务是指平台企业根据客户需求，在满足网络货运核心业务同时，在衍生产品或服务方面为客户提供的支持，主要包括实现多终端联动、支持货主多元选择和提供服务解决方案等。例如，案例 C25 提出"平台支持多终端登录，为平台内所有群体提供互联网物流服务"，案例 C40 提出"胖猫物流可以满足客户整车运输、小吨位运输和多装多卸的多种服务需求",案例 C2 提出"企业依托运力网、智能网、协作网三网融合的核心竞争力,为客户提供供应链一体化物流服务解决方案"。

(3)快速响应。快速响应是互联网时代满足客户需求的基本要求,客户不仅需要高质量的产品或服务,还要求产品或服务获取的高效与便捷。网络货运平台企业的快速响应主要表现是精准匹配和迅捷支持能力。例如,案例 C38 提出"通过平台海量车源,经过云计算技术及核心算法能够第一时间实现车货资源的精准定位与智能匹配",案例 C41 提出"闪电付由司机自己的微信号操作提交,任何其他人无权操作闪电付,确保司机的资金安全"。

2. 作业管控能力

网络货运企业(无车承运人)为货主提供的物流服务主要由车主负责,物流服务对作业管控能力的要求十分突出,因此无论平台企业的业务是车货匹配还是无车承运,强大的作业管控能力不仅可以保证服务交付,还可以帮助平台企业有效规避风险。

(1)资源/能力管控。资源/能力管控是平台企业对内外部资源或能力的高效利用,是服务交付的前提条件。平台企业的资源/能力管控主要包括精细化运力管理、赔付能力、网络辐射能力、优化业务流程和自建运力资源等。例如,案例 C50 提出"平台根据司机的接单记录同步司机的常跑路线,在常跑路线范围内由专人负责,围绕车辆整合,建立了一套司机精细化管理办法",案例 C55 提出"平台具备较强的赔付能力,与实际承运人签订运输服务合同,建立相应的赔付机制,能够承担全程运输风险",案例 C26 提出"通过全国所有县市区的实体网点布局建设及平台推广应用,整合资源,彻底突破物流信息的区域局限,充分实现全国范围内的物流信息线上交互、匹配",案例 C5 提出"平台自上线以来,在运行过程中不断对流程进行改造和提升",案例 C50 提出"自行组建车队规模超过 700 辆"。

(2)风险管控。风险管控是指平台企业对物流服务交付过程中涉及的运输风险、结算风险、税务风险等的全面管控,涉及体系建设、技术手段运用等领域。主要包括保障安全生产、税务合规、业务全程透明化管理和完善风控体系等。例如,案例 C42 提出"平台始终坚持安全为本,以最严格的措施落实好安全主体责任,切实加强对平台业务全过程的安全把控,并不断持续完善监管措施，提高安全生产管理水平"，案例 C26 提出"保证货运业务的真实性、完整增值税抵扣链条、防范税票虚开风险"，案例 C10 提出"实现车货匹配，交易过程中定金的收退，运价、运费的结算与支付以及信用评价体系等全过程透明化"，案例 C18 提出"平台从多个方面建立风险防控机制，包括实施远程联网联控、实名认证'人三证'和'车三证'、完善车辆定位和驾驶行为分析系统、实施高价值货物追踪、建立风险赔付机制等"。

（3）质量管控。质量管控是平台为保障物流服务交付所采取的技术与管理手段，主要包括服务质量管理能力、集团化管控能力、制度化管理、建设线下服务网点、客户服务与异常处置等。例如，案例 C30 提出"预警系统可以自动识别 17 个业务节点中的异常场景、触发异常，主动预警，运输中发生的异常，可以做到 15 分钟内响应，6 小时到达异常现场"，案例 C13 提出"路歌通过自己的解决方案，实现集团化管控的问题，各分子公司或项目业务独立、数据独立，集团公司在运营层面、客服层面、财务层面进行数据汇总与分析"，案例 C27 提出"平台在全国 30 个省份的近 1000 个网点招募了城市合伙人并建设了线下网点和运营团队"，案例 C46 提出"分层次地对操作流程、技术标准、考核模式等规章制度进行了梳理，结合行业经营特点与服务需求，改进并制定出台一系列基础管理的制度标准"，案例 C30 提出"客服系统总结了常见的 157 种异常问题并将其模块化；异常发生后客服团队实时介入处理。"

（4）智能决策。智能决策是大数据技术与人工智能技术应用的产物，是平台企业引入专家知识库、模型库和方法库后，挖掘累积的数据资源，由智能工具产生自动化决策的活动，主要包括平台数据采集与分析能力、供应链全程数据协同管理、智能调度、建立业务数据链等。例如，案例 C36 提出"平台不断加强大数据分析体系建设，夯实平台在数据分析与应用方面的竞争力"，案例 C55 提出"平台建设实现了服务在线化、流程标准化、交易透明化、过程可视化，大大提升了供应链全程协同管理能力"，案例 C30 提出"平台用 AI 算法调度车辆的随机散跑模式，将车辆运行效率提升约 24%"，案例 C12 提出"平台将物流数据链上化管理，实现真实业务流程可信化，并且与金融机构合作，将业务数据积累转变为信用积累，再把信用积累转变为金融积累"。

四、能力的战略更新

（一）动态能力的更新情况分析

1. 环境感知能力

环境感知能力共对应"外部环境监测""内部环境分析"两个二阶编码。总体来看，《暂行办法》出台前，平台企业更关注"外部环境监测"；出台后，平台企业更关注"内部环境分析"。

（1）"外部环境监测"。平台企业对"外部环境监测"的关注度在《暂行办法》出台前后有明显变化，总体呈现下降态势。《暂行办法》出台前，有73.7%的案例提到了企业对"外部环境监测"的重视；出台后，则下降到60.0%（见表6-5）。反映出网络货运企业面临的外部环境逐渐趋向稳定，行业、政策红利逐渐减少。"外部环境监测"的三个一阶编码在案例中的出现频率均呈现下降态势，其中，"诠释外部竞争环境"这个一阶编码的降幅最为明显。

表6-5 "外部环境监测"对应一阶编码的案例数量及占比情况

外部环境监测	2017—2019 年		2020—2021 年	
	案例数量（个）	同期占比（%）	案例数量（个）	同期占比（%）
诠释外部竞争环境	11	28.9	4	13.3
关注国家政策	12	31.6	8	26.7
分析行业发展	20	52.6	14	46.7
合计*	28	73.7	18	60.0

注：由于不同的编码可能出现在同一个案例之中，*表示是各个编码对应不同案例的合计数量，并非每个编码对应案例之和，下同。

（2）"内部环境分析"。平台企业对"内部环境分析"的关注度在《暂行办法》出台前后没有显著变化。《暂行办法》出台前，有78.9%的案例提到了企业对"内部环境分析"的重视；出台后，则上升到80.0%（见表6-6）。从案例出现比例来看，网络货运企业对内部发展环境的重视程度保持较高态势。"内部环境分析"的三个一阶编码中，"优劣势分析"一阶编码在案例中的出现频率基本保持不变，"引领行业发展"呈现显著下降态势，"业务发展设想"呈现显著上升态势。说明经过几年的行业发展沉淀，平台企业不再高调突显其对行业发展的引领作用，反而更加务实地思考如何更有效地利用各方资源开拓新业务。

表6-6　　　"内部环境分析"对应一阶编码的案例数量及占比情况

内部环境分析	2017—2019 年		2020—2021 年	
	案例数量（个）	同期占比（%）	案例数量（个）	同期占比（%）
优劣势分析	18	47.4	14	46.7
引领行业发展	5	13.2	1	3.3
业务发展设想	20	52.6	19	63.3
合计	30	78.9	24	80.0

2. 机会利用能力

机会利用能力共对应"机会发现与捕捉""引导参与主体变革""外部合作"三个二阶编码。总体来看，《暂行办法》出台前，平台企业更关注"机会发现与捕捉""外部合作"；出台后，平台企业更关注"引导参与主体变革"。

（1）"机会发现与捕捉"。平台企业对"机会发现与捕捉"的关注度在《暂行办法》出台前后有明显变化，总体呈现下降态势。《暂行办法》出台前，有65.8%的案例提到了企业对"机会发现与捕捉"的重视；出台后，则下降到33.3%（见表6-7）。反映出网络货运行业经过多年发展后，已经进入相对平衡期，可供平台企业发现和捕捉的机会逐渐在减少。"机会发现与捕捉"共有"数据资源开发利用""设计新商业模式"和"关心关爱车主"三个一阶编码，每个一阶编码在案例中的出现频率均呈现下降态势，其中，"设计新商业模式"这个一阶编码的降幅最为明显。

表6-7　"机会发现与捕捉"对应一阶编码的案例数量及占比情况

机会发现与捕捉	2017—2019 年		2020—2021 年	
	案例数量（个）	同期占比（%）	案例数量（个）	同期占比（%）
数据资源开发利用	10	26.3	6	20.0
设计新商业模式	12	31.6	1	3.3
关心关爱车主	6	15.8	3	10.0
合计	25	65.8	10	33.3

（2）"引导参与主体变革"。平台企业对"引导参与主体变革"的关注度在《暂行办法》出台前后无明显变化。《暂行办法》出台前，有39.5%的案例提到了企业对"引导参与主体变革"的重视；出台后，则上升到43.3%（见表6-8）。在"引导参与主体变革"的五个一阶编码中，《暂行办法》出台前，平台企业更重视的是"提升客户信息化水平"；出台后，平台企业更重视的是"为客户赋能"。即平台企业利用其技术优势、平台优势在更广的范围内帮助客户成长。

表6-8　"引导参与主体变革"对应一阶编码的案例数量及占比情况

引导参与主体变革	2017—2019 年		2020—2021 年	
	案例数量（个）	同期占比（%）	案例数量（个）	同期占比（%）
重构客户渠道	1	2.6	0	0.0
培养用户习惯	4	10.5	2	6.7
为客户赋能	1	2.6	4	13.3
提升客户信息化水平	13	34.2	5	16.7
帮助客户搭建运力资源池	4	10.5	2	6.7
合计	15	39.5	13	43.3

（3）"外部合作"。平台企业对"外部合作"的关注度一直较高，在《暂行办法》出台后关注度略有下降。《暂行办法》出台前，有81.6%的案例提到了企业对"外部合作"的重视；出台后，则下降到73.3%（见表6-9）。在

"外部合作"的四个一阶编码中,《暂行办法》出台前平台企业更重视的是"与客户共创价值""线上线下协同";出台后,平台企业更重视的是"合作开发增值服务",有60.0%的案例提到与平台生态系统中的各参与主体共同开发增值服务,反映出这一时期平台企业亟须通过推出更加多样化的增值服务来丰富生态系统中的业务线和盈利点。

表6-9 "外部合作"对应一阶编码的案例数量及占比情况

外部合作	2017—2019 年		2020—2021 年	
	案例数量（个）	同期占比（%）	案例数量（个）	同期占比（%）
与客户共创价值	5	13.2	1	3.3
线上线下协同	9	23.7	3	10.0
合作开发增值服务	18	47.4	18	60.0
服务产业供应链	15	39.5	11	36.7
合计	31	81.6	22	73.3

3. 资源整合能力

机会利用能力共对应"外部资源整合""内部资源重构""优化资源基础"三个二阶编码,总体来看,《暂行办法》出台前,平台企业更关注"内部资源重构""优化资源基础",对"外部资源整合"的关注度则一直较高。

(1)"外部资源整合"。平台企业对"外部资源整合"的关注度一直较高,并且在《暂行办法》出台前后变化不大。《暂行办法》出台前,有65.8%的案例提到了企业对"外部资源整合"的重视;出台后,则小幅上升到66.7%（见表6-10）。在"外部资源整合"对应的三个一阶编码中,平台企业最为重视的是"运力组织能力",稳定的运力是平台企业吸引货主企业物流订单的关键,持续重视对社会车辆的整合与管理能力是关键。产生较大变动的一阶编码是"对接线下物流园区",作为行业早期获取货源和车源的重要方式,随着行业逐步走向成熟,平台企业的关注有所下降。

表 6 – 10   "外部资源整合"对应一阶编码的案例数量及占比情况

外部资源整合	2017—2019 年		2020—2021 年	
	案例数量（个）	同期占比（%）	案例数量（个）	同期占比（%）
运力组织能力	22	57.9	18	60.0
货源整合能力	15	39.5	12	40.0
对接线下物流园区	8	21.1	3	10.0
合计	25	65.8	20	66.7

（2）"内部资源重构"。平台企业对"内部资源重构"的关注度一直较低，并且对比《暂行办法》出台前后来看，关注度还有所下降（见表 6 – 11）。在"内部资源重构"对应的三个一阶编码中，"业务模式优化"和"沉淀优质客户资源"两个一阶编码在《暂行办法》出台后的案例中并未再出现，"业务模式优化"关注度下降与企业经过多年发展后业务模式逐步稳定有关，"沉淀优质客户资源"关注度下降与市场结构固定、增量客户减少有关。

表 6 – 11   "内部资源重构"对应一阶编码的案例数量及占比情况

内部资源重构	2017—2019 年		2020—2021 年	
	案例数量（个）	同期占比（%）	案例数量（个）	同期占比（%）
业务模式优化	5	13.2	0	0.0
沉淀优质客户资源	3	7.9	0	0.0
沉淀"熟车"资源	4	10.5	3	10.0
合计	7	18.4	3	10.0

（3）"优化资源基础"。平台企业对"优化资源基础"的关注度不高，总体情况与二阶编码"内部资源重构"类似（见表 6 – 12）。在"优化资源基础"对应的三个一阶编码中，平台企业对"塑造生态文化"和"建立生态系统"两个一阶编码的关注程度变化不大，对"轻资产运营"的关注略有下降。

表 6 - 12　　"优化资源基础"对应一阶编码的案例数量及占比情况

优化资源基础	2017—2019 年		2020—2021 年	
	案例数量（个）	同期占比（%）	案例数量（个）	同期占比（%）
塑造生态文化	1	2.6	0	0.0
轻资产运营	4	10.5	1	3.3
建立生态系统	8	21.1	6	20.0
合计	10	26.3	6	20.0

（二）运营能力的更新情况分析

1. 产品开发能力

产品开发能力共对应"技术经验""产品/服务""快速响应"三个二阶编码，总体来看，《暂行办法》出台前，平台企业更关注"技术经验"；出台后，平台企业更关注"快速响应"。

（1）"技术经验"。平台企业对"技术经验"的关注度在《暂行办法》出台前超过出台后。《暂行办法》出台前，有47.4%的案例提到了企业对"技术经验"的重视；出台后，企业对"技术经验"的重视则下降到36.7%（见表6－13）。反映出网络货运行业经过多年发展后，相关技术人才供给的短缺情况有所缓解。"技术经验"共有三个一阶编码，《暂行办法》出台前后对比看，三个一阶编码的出现频率均有所下降，其中，"与业务匹配的信息平台建设""特定行业经验"两个一阶编码的降幅最为明显。

表 6 - 13　　"技术经验"对应一阶编码的案例数量及占比情况

技术经验	2017—2019 年		2020—2021 年	
	案例数量（个）	同期占比（%）	案例数量（个）	同期占比（%）
专业技术团队	12	31.6	8	26.7
与业务匹配的信息平台建设	8	21.1	2	6.7
特定行业经验	5	13.2	1	3.3
合计	18	47.4	11	36.7

（2）"产品/服务"。平台企业对"产品/服务"的关注度在《暂行办法》出台前后略有不同。《暂行办法》出台前，有52.6%的案例提到了企业与"产品/服务"相关的能力；出台后，则下降到46.7%（见表6－14）。"产品/服务"对应的三个一阶编码的出现频率无明显差异。

表6－14　　　"产品/服务"对应一阶编码的案例数量及占比情况

产品/服务	2017—2019 年		2020—2021 年	
	案例数量（个）	同期占比（%）	案例数量（个）	同期占比（%）
支持货主多元选择	5	13.2	3	10.0
提供服务解决方案	12	31.6	8	26.7
多终端联动	7	18.4	5	16.7
合计	20	52.6	14	46.7

（3）"快速响应"。平台企业对"快速响应"的关注度在《暂行办法》出台后超过出台前。《暂行办法》出台前，有44.7%的案例提到了企业对"快速响应"的重视；出台后，企业对"快速响应"的重视则上升到53.3%（见表6－15）。反映出网络货运企业在产品开发中开始更加关注系统快速响应的能力。"快速响应"共有两个一阶编码，《暂行办法》出台前后对比看，两个一阶编码的出现频率均有明显上升，其中，越来越多的平台企业开始介入物流业务的支付结算环节，因此对"迅捷支付"的能力要求增幅明显。

表6－15　　　"快速响应"对应一阶编码的案例数量及占比情况

快速响应	2017—2019 年		2020—2021 年	
	案例数量（个）	同期占比（%）	案例数量（个）	同期占比（%）
迅捷支付	4	10.5	8	26.7
精准匹配	14	36.8	13	43.3
合计	17	44.7	16	53.3

2. 作业管控能力

作业管控能力共对应"资源/能力管控""风险管控""质量管控""智能决策"四个二阶编码,总体来看,《暂行办法》出台前,平台企业更关注"质量管控";出台后,平台企业更关注"智能决策"。

(1)"资源/能力管控"。平台企业对"资源/能力管控"的关注度在《暂行办法》出台前略微超过出台后,反映出网络货运(无车承运)行业发展初期平台企业面临的资源瓶颈及管控难题,在后期逐渐有所缓解(见表6-16)。"资源/能力管控"共有四个一阶编码,《暂行办法》出台前后对比看,出台前平台企业更加重视"自建运力资源""优化业务流程""赔付能力""精细化运力管理"等能力建设,出台后平台企业更加重视"网络辐射能力"的建设,反映出平台企业从内部业务运营逐步向对物流服务交付活动网络化运营能力建设的转变。从比例来看,《暂行办法》出台前,有28.9%的案例提到"网络辐射能力";出台后这一比例上升到46.7%,提升幅度明显。

表6-16   "资源/能力管控"对应一阶编码的案例数量及占比情况

资源/能力管控	2017—2019 年		2020—2021 年	
	案例数量（个）	同期占比（%）	案例数量（个）	同期占比（%）
自建运力资源	4	10.5	1	3.3
优化业务流程	6	15.8	2	6.7
网络辐射能力	11	28.9	14	46.7
赔付能力	5	13.2	2	6.7
精细化运力管理	3	7.9	0	0.0
合计	22	57.9	16	53.3

(2)"风险管控"。平台企业高度重视"风险管控",《暂行办法》出台前后相关案例占比数量相当,分别达到94.7%和93.3%,是所有二阶编码中出现频率最高的(见表6-17)。"风险管控"共有四个一阶编码,"业务全程透明化管理""完善风控体系"两个一阶编码对应案例占比均超过

65%。《暂行办法》出台前后对比看，"业务全程透明化管理""保障安全生产"两个一阶编码的出现频率有所下降，"税务合规"的出现频率则有所上升。

表6－17　　"风险管控"对应一阶编码的案例数量及占比情况

风险管控	2017—2019 年		2020—2021 年	
	案例数量（个）	同期占比（%）	案例数量（个）	同期占比（%）
业务全程透明化管理	30	78.9	22	73.3
完善风控体系	25	65.8	21	70.0
税务合规	8	21.1	8	26.7
保障安全生产	4	10.5	0	0.0
合计	36	94.7	28	93.3

（3）"质量管控"。平台企业对"质量管控"的关注度在《暂行办法》出台后有所下降。《暂行办法》出台前，有57.9%的案例提到了企业对"质量管控"的重视；出台后，则下降到33.3%（见表6－18）。对"质量管控"相关能力建设关注度的下降，可能源于整个行业经过多年发展，相关从业人员的素质有所提高。这一点可以从一阶编码的变化中得以证实。《暂行办法》出台前，平台企业主要关注"制度化管理""客户服务与异常处置""建设线下服务网点"和"集团化管控能力"等一阶编码，侧重于质量管控的手段和方法方面；出台后，平台企业则更加关注"服务质量管理能力"建设，更加侧重于能力建设方面。

（4）"智能决策"。平台企业对"智能决策"的关注度在《暂行办法》出台后显著超过出台前（见表6－19）。《暂行办法》出台前，有57.9%的案例提到了企业对"快速响应"的重视；出台后，则大幅上升到90.0%。反映出网络货运企业在作业管控能力中开始更加关注系统在提供智能决策方面的能力。"智能决策"共有四个一阶编码，《暂行办法》出台前后对比看，"智能调度"一阶编码的出现频率在两个时期无明显变化，但是"平台数据采集与分析能力""建立业务数据链"和"供应链全程数据协同管理"三个一阶编码的出现频率则有大幅提升。特别是区块链技术逐步开始在网络货运平台应用后，以完整的数据链条支撑决策开始得到平台企业的重视。

表 6-18　　　"质量管控"对应一阶编码的案例数量及占比情况

质量管控	2017—2019 年		2020—2021 年	
	案例数量（个）	同期占比（%）	案例数量（个）	同期占比（%）
制度化管理	6	15.8	2	6.7
客户服务与异常处置	8	21.1	3	10.0
建设线下服务网点	11	28.9	3	10.0
集团化管控能力	2	5.3	0	0.0
服务质量管理能力	3	7.9	5	16.7
合计	22	57.9	10	33.3

表 6-19　　　"智能决策"对应一阶编码的案例数量及占比情况

智能决策	2017—2019 年		2020—2021 年	
	案例数量（个）	同期占比（%）	案例数量（个）	同期占比（%）
智能调度	9	23.7	6	20.0
平台数据采集与分析能力	12	31.6	12	40.0
建立业务数据链	0	0.0	5	16.7
供应链全程数据协同管理	12	31.6	16	53.3
合计	22	57.9	27	90.0

（三）不同类型平台战略更新的差异化分析

根据平台企业动态能力、运营能力战略更新的分析，按《暂行办法》出台前后的不同，首先抽取各一阶编码中具有显著差异的编码以及不同时期案例出现比例均超过 50% 的编码进行归类；其次在 NVivo 中使用交叉分析查询，对归类后的编码按类型确定平台企业案例出现的频率。

《暂行办法》出台前，单独创设的平台更加重视"业务发展设想""关注国家政策""运力组织能力""数据资源开发利用""线上线下协同""提升客户信息化水平""与业务匹配的信息平台""保障安全生产""精细化运力管理""赔付能力""优化业务流程"等能力要素,如表6-20所示。对于单独创设的物流平台,由于自身没有成熟的物流业务作为依托,因此更加关注国家政策对企业发展的影响,通过业务规划为企业寻求更大的发展空间,同时为了能够与货主企业对接,平台企业更加重视对运力资源的组织以及对数据资源的开发利用。为了培育市场,平台企业利用自身的信息化优势努力提升客户企业的信息化水平。为了更有效地控制成本,平台企业努力做好资源或能力的管控。

表6-20 《暂行办法》出台前不同类型平台能力要素的差异化分析

聚合维度	二阶编码	一阶编码	平台单独创设		平台依附创设	
			案例数量（个）	同类占比（%）	案例数量（个）	同类占比（%）
环境感知能力	内部环境分析	业务发展设想	6	33.3	3	15.0
		引领行业发展	14	77.8	16	80.0
	外部环境监测	分析行业发展	10	55.6	10	50.0
		关注国家政策	7	38.9	5	25.0
		诠释外部竞争环境	1	5.6	3	15.0
	外部资源整合	对接线下物流园区	2	11.1	6	30.0
		运力组织能力	5	27.8	3	15.0
机会利用能力	机会发现与捕捉	关心关爱车主	3	16.7	3	15.0
		设计新商业模式	4	22.2	7	35.0
		数据资源开发利用	7	38.9	5	25.0
	外部合作	线上线下协同	15	83.3	10	50.0
		与客户共创价值	1	5.6	5	25.0
	引导参与主体变革	提升客户信息化水平	4	22.2	1	5.0
资源整合能力	内部资源重构	沉淀优质客户资源	2	11.1	1	5.0
		业务模式优化	7	38.9	13	65.0
	优化资源基础	轻资产运营	2	11.1	3	15.0

聚合维度	二阶编码	一阶编码	平台单独创设		平台依附创设	
			案例数量（个）	同类占比（%）	案例数量（个）	同类占比（%）
产品开发能力	技术经验	特定行业经验	5	27.8	5	25.0
		与业务匹配的信息平台建设	4	22.2	1	5.0
作业管控能力	风险管控	保障安全生产	4	22.2	0	0.0
		完善风控体系	7	38.9	6	30.0
		业务全程透明化管理	3	16.7	2	10.0
	质量管控	集团化管控能力	10	55.6	12	60.0
		建设线下服务网点	1	5.6	1	5.0
		客户服务与异常处置	1	5.6	2	10.0
		制度化管理	3	16.7	3	15.0
	资源/能力管控	精细化运力管理	7	38.9	4	20.0
		赔付能力	5	27.8	3	15.0
		优化业务流程	4	22.2	1	5.0
		自建运力资源	2	11.1	2	10.0
合计			18	100.0	20	100.0

《暂行办法》出台前，依附创设的平台更加重视"对接线下物流园区""设计新商业模式""与客户共创价值""业务模式优化"，如表6-20所示。对于依附创设的物流平台，由于依托于特定的物流企业或生产企业，平台的主体作用是运力整合，通过有效的运力整合优先满足母公司的物流服务需求，进而对接更多的货主，促使整合后的运力开放共享。"对接线下物流园区"可以使平台企业更有效承接母公司的物流业务，而"设计新商业模式""与客户共创价值""业务模式优化"则是平台企业在既有传统业务之外的创新发展。

《暂行办法》出台后，单独创设的平台更加重视"业务发展设想""合作开发增值服务""税务合规""服务质量管理能力""建立业务数据链""平台数据采集与分析能力"，如表6-21所示。对于单独创设的物流平台，平台企业需要适应监管要求，加大新业务开发的力度，通过已经积累起来的数据资源，与生态系统的其他参与主体一起开发增值服务，并通过构建完整的业务数据链条，减少增值服务的风险。同时，由于平台企业不依赖于任何母体公司，企业物流业务的税务合规性被高度关注。

表6-21　《暂行办法》出台后不同类型平台能力要素的差异化分析

聚合维度	二阶编码	一阶编码	平台单独创设		平台依附创设	
			案例数量（个）	同类占比（%）	案例数量（个）	同类占比（%）
环境感知能力	内部环境分析	业务发展设想	14	77.8	5	41.7
机会利用能力	外部合作	合作开发增值服务	14	77.8	4	33.3
	引导参与主体变革	为客户赋能	3	16.7	1	8.3
资源整合能力	外部资源整合	运力组织能力	11	61.1	7	58.3
产品开发能力	快速响应	精准匹配	6	33.3	7	58.3
		迅捷支付	4	22.2	4	33.3
作业管控能力	风险管控	税务合规	7	38.9	1	8.3
		完善风控体系	12	66.7	9	75.0
		业务全程透明化管理	13	72.2	9	75.0
	质量管控	服务质量管理能力	4	22.2	1	8.3
	智能决策	供应链全程数据协同管理	10	55.6	6	50.0
		建立业务数据链	4	22.2	1	8.3
		平台数据采集与分析能力	9	50.0	3	25.0
	资源/能力管控	网络辐射能力	8	44.4	6	50.0
	合计		18	100.0	12	100.0

《暂行办法》出台后，依附创设的平台更加重视"精准匹配""迅捷支付"，如表6-21所示。对于依附创设的物流平台，平台企业的产品开发能

力需要提升，特别是企业在信息化方面的专业人才短缺，因此更关注平台服务中实现车源和货源如何精准匹配，物流服务完成后如何快速完成支付结算等能力建设问题。

第四节　研究结论与管理启示

一、研究结论

《暂行办法》出台后，"互联网＋"物流新业态出现新的变化，资源要素投入、合规运营、安全生产和司机权益保护的要求，形成了新的外部情境，推动行业既有共享制度的变革与重构。通过对 68 个优秀案例的文本分析发现，《暂行办法》出台前后，平台企业对能力构成要素的关注存在着显著差异，不同类型的平台企业对能力构成要素的关注也存在不同。研究得到以下结论。

第一，在动态能力方面，《暂行办法》出台后平台企业更关注"内部环境分析""引导参与主体变革""外部资源整合"等能力维度，反映平台企业在强化内部自身能力建设的同时，也在积极推动生态系统的参与主体主动变革，通过为客户赋能，建立与外部资源的紧密连接，实现多元参与主体的能力更新，为共享制度的重构创造条件。

第二，在运营能力方面，《暂行办法》出台后平台企业更关注"快速响应""智能决策"等能力维度，反映平台企业对产品和服务能够满足客户提出的各种需要，并通过智能决策等先进技术来支持快速响应的高度重视。

第三，《暂行办法》出台后，不同类型物流平台推进战略更新时选择的能力构成要素有明显差异。依附创设的平台企业更加重视"精准匹配""迅捷支付"等能力的建设，其本质是提升平台对双边用户服务能力，解决响应时效问题，提高客户的满意度，以便更好地与双边用户形成新的共享制度；单独创设的平台更加重视"业务发展设想""合作开发增值服务""税务合规""服务质量管理能力""建立业务数据链""平台数据采集与分析能力"等能力的建设，其本质还是提升业务能力，通过新业务的开发以及盈利能力的提升，达到聚合生态系统其他参与主体，形成新的共享制度的目的。

二、管理启示

根据研究结论，提出以下管理启示。

第一，推动网络货运平台的业务创新。传统的物流业务盈利能力有限，网络货运平台企业仅依靠传统物流业务难以维持收支平衡，实现创新发展势在必行。一方面要刻画平台服务交互进程并据此分析平台、车主和货主各方参与主体的价值主张和价值实现，明确三方在服务交互中是否存在可以优化的领域，以促使服务迭代创新或者拓展新的价值空间；另一方面要推进大数据、物联网、移动互联网、卫星定位、区块链等新技术的快速部署，实现需求的精准匹配、支付结算的便捷可靠、业务数据链条完整，以技术支撑提升平台与客户之间的信任水平，提升货运交易的效率。

第二，改进网络货运服务的质量。由于服务质量是客户感知到的质量，渗透于服务的全程交互之中，涉及人—人交互、人—机交互。平台的服务质量包含平台服务质量和物流服务质量两个层面，前者主要是人—机交互，仅有少量的客服活动涉及人—人交互；后者则主要是人—人交互。网络货运平台服务质量的最大难点是如何有效管控物流服务质量。有效识别影响网络货运服务质量的因素，通过提升服务质量来维持客户群体稳定，是影响网络货运企业生存的重要因素之一。

第三，加强网络货运平台的运力管理。《暂行办法》出台后，网络货运行业的商业模式创新进入一个相对稳定期，基于运力的标准化、精益化管理成为网络货运企业发展的关键。针对运力供应链，推进数字化，构建数字运力资源池，不仅可以减少承托双方的搜索成本，增加运输全链路的透明度，提升订单的履约率，保障司机的运费收入，也可以通过分级赋能沉淀服务能力强、忠诚度高的运力资源，进一步提升客户价值。

第七章　网络货运平台服务
交互路径优化研究

　　网络货运平台的商业模式呈现百花齐放，但实现车货匹配几乎是所有平台业务的开端。这源于公路货运市场存在的"信息不对称"。传统上囿于信息传播渠道，无论是货运代理，还是车主、货主，掌握的有价值信息都非常有限。互联网技术对行业的加速渗透，使得货运代理具有的议价和获客能力优势逐渐丧失，开始动摇货运代理行业的价值创造逻辑。取而代之的，是以车货匹配为起点的货运平台。车货匹配平台是互联网技术和共享经济理念在公路货运领域碰撞的产物，以平台为媒介连接物流服务需求方和供给方，充分利用在线平台实现物流运输的去中介化和高效匹配。虽然行业后续发展中，逐步出现承担全程运输责任的网络货运平台，但车货匹配业务仍然是网络货运服务中的重要一环。平台、车主、货主三方主体在服务交互中是否存在可以优化的领域，以促使服务迭代创新或者拓展新的价值空间，是值得深入的研究。本章采用过程链网络（process chain net，PCN）分析法，刻画车货匹配平台的服务交互进程并据此分析各方参与者的价值主张和价值实现，利用 Python 的网络爬虫技术进行服务问题挖掘，结合 PCN 优化原则改善车货匹配平台的服务流程，进而优化其服务交互进程，以期推动网络货运平台的服务创新。

第一节　服务优化工具——过程链网络

　　服务科学将服务视作一个交互过程，服务设计与优化一直是服务科学的重要研究课题（徐晓飞和王忠杰，2011）。早在 20 世纪 80 年代，服务蓝图就已作为一种服务优化工具被提出，它能够直观展示服务提供过程、员工和顾客的角色以及服务的有形证据，在刻画服务提供商与顾客之间的服务传递过程方面已得到广泛应用（Shostack，1984），但在分享经济背景下，平台的出现使得服务参与主体具有多元性，服务交互也更为复杂。服务蓝图在多元主体复杂交互的服务网络应用中具有明显的局限性（彭本红和鲁倩，2015），服务设计与创新需要更合适的分析工具。

统一服务理论指出，一个公司的"服务"过程是公司顾客（或过程受益者）将必要的资源输入给过程的过程；一个公司的"非服务"过程是公司在接收顾客资源之前所能执行的过程。在生产完成之后，顾客提供财务资源给公司（为产品付费），这些财务资源用于满足未来顾客的需求（Sampson，2012a）。桑普森（Sampson，2012b）基于上述思想，PCN 分析法能够清晰刻画服务网络中多元主体间的复杂交互，弥补服务蓝图在表达服务网络方面的缺陷。

过程链包含作用于资源的主体。定义参与该过程的任一主体为一个过程主体（process entity）。过程主体的关键特性是为了对过程某些部分进行初始化或向前执行而作出决策的能力。虽然过程主体可以借助机器或自动地执行过程步骤，但它们仍然可以对过程步骤的性能进行认知控制。

过程链中过程主体的行为分为直接交互、代理交互和独立处理三种类型，如图 7－1 所示。直接交互是指两个主体之间直接接触的相互行为；代理交互是指一个主体借助另一个主体的资源完成操作；独立处理是指各个主体独立发生的与其他主体无联系的行为。每种类型活动的集合形成过程领域。主体过程领域顶部的三角形表示过程控制程度，越靠近直接交互，则控制越少。管理者或者研究者根据行为发生顺序连成过程链网络，再利用服务过程定位和战略原则对过程链网络进行优化，可以达到服务优化的目的（Sampson，2012a）。因此，借助描绘主体间交互类型和服务过程步骤的 PCN 图来分析主体的价值主张和价值实现，利用 PCN 优化原则识别服务过程中交互方式不合理或无法创造价值的步骤，结合服务创新原理进行服务优化与创新（刘珊，2017），通过对服务流程中现存问题的改进与优化，可以改善顾客的服务体验和满意度，提高共创价值。

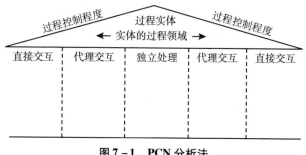

图 7 – 1　PCN 分析法

第二节　车货匹配业务交互路径分析

一、基于 PCN 图的分析

PCN 分析法包含过程链和网络两个核心要素（Sampson，2012a）。过程链是带有可标识目的的过程步骤序列，跨越多个主体连接在一起，是完成一个明确目标所需要的一系列操作，如完成网络货物运输任务涉及的车货匹配、装货验收、运输、卸货交接等操作。根据 PCN 图主体活动直接交互、代理交互以及独立处理三种类型的划分方法，货物交接验收等活动属于直接交互行为，货主通过平台发布货运需求订单等活动属于代理交互行为，车主独立驾驶车辆至装货地点等活动属于独立处理行为。网络是完成过程链活动的多个主体及其活动的集合，这些主体独立做出过程链中的决策和操作。

PCN 分析图的绘制包括四个步骤。第一，明确要分析的过程，开展分析的恰当单位是过程或过程片段，如在网络货运平台上完成一次完整的运输闭环。第二，明确参与指定过程片段的过程主体，如在利用网络货运平台进行货物运输的过程中，平台即该过程中的一个主体，而实际承运人作为服务提供者，运输需求方作为服务接受者也是过程中的主体。因此，在 PCN 图中对这三个主体进行标志与描绘。第三，记录标志着所选过程片段开始与结束的步骤。过程片段往往开始于一个识别出的顾客需求，终止于该需求的满足。如利用网络货运平台进行货物运输的过程始于运输需求方产生货运需求，止于货物运达目的地并完成运费结算。第四，分析服务过程中各个步骤所归属的过程领域，并根据过程领域的类型以及步骤发生的先后次序，将所有中间步骤一一列举于 PCN 图中，并以箭头的方式表示步骤之间次序的依赖关系。

二、车货匹配业务 PCN 图

车货匹配业务的过程链始于货主和车主产生物流服务需求。货主独立于其他主体产生货运需求，根据货物品类、重量、距离等信息与平台企业协商运费后发布货运订单，对接平台企业的调度员进行车源匹配。车主独立产生运输需求，上传车辆类型和位置信息至平台查询订单，对接平台企业的调度员进行货源匹配。车主确认运输货物详情、起始地和运费后接受订单，随后独立驾驶至起运地进行货物的装载加固，并根据装货情况与车主商讨延误造成损失的补偿。装载完成后上传货物磅单，开始进行运输。在运输过程中，货主可利用平台研发的车辆轨迹追踪系统对货物运输过程进行实时追踪，不仅全程追踪车辆和货物状态，还对运输时效性、货物质量、司机驾驶状态等进行实时监测，为运输异常提供责任划分证明，其技术支撑和品牌信誉使得平台与双方建立起信任关系，货运交易效率更高。送达目的地后，车主与货主指定的收货人共同进行卸货交接和验收工作，货主指定收货人上传货物交接证明至平台，由平台运输监测系统进行异常检测，若存在如运输延迟、货损货差等异常情况，按照事先约定条款自动扣款，随后将运费付款通知及扣款详情发送给车主，车主确认收款。至此，货主和车主的物流服务需求均得到满足，车货匹配平台的过程链结束。三方的服务交互路径 PCN 图，如图 7-2 所示。

就单次网络货运业务而言，三方主体的价值主张各不相同。货主期望能够将货物高效率、低成本地送达目的地，包含货物运输质量、运输时效性和运输价格三个方面的主张；车主期望能够充分利用车辆运输资源，进行安全、顺利地运输劳动并获得合理报酬，包含车辆利用率、运输安全性、合理性以及运费收入保障四个方面的主张；车货匹配平台则期望能够为车货双方提供一系列高质量的服务，获得合理的服务费用，促进三方实现价值共创，助力货运市场畅通。

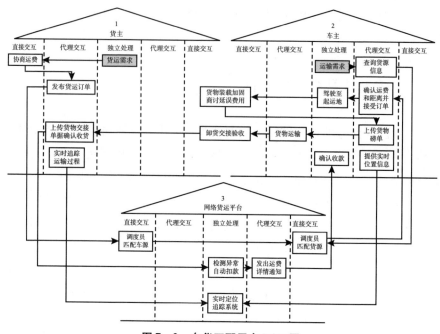

图 7-2　车货匹配平台 PCN 图

第三节　车货匹配业务问题识别与交互路径优化

一、车货匹配业务问题数据获取

随着移动互联网对大众群体工作、生活、社交等方面的快速渗透，人们利用日常生活中的碎片化时间在互联网应用上发布工作、生活状态、发表看法、评价等已成为分享生活、表达自我、消遣闲暇时间的主流模式。大规模的用户交流、分享行为生成了大量信息，使得互联网平台成为巨大的信息资源池。对于企业而言，互联网平台也成为企业重要的网络口碑传播渠道和用户评价汇聚地。对海量互联网数据进行挖掘与分析，可以帮助企业及时发现服务质量问题，从而为运营决策工作与服务优化策略提供数据支撑和方向。

（一）数据采集

本研究编写 Python 爬虫程序捕获新闻文本数据。通过初步搜索与分析阶段，发现在众多主流新闻平台中，百度新闻呈现出与网络货运平台相关的报道量较多。且百度新闻汇集超过 500 多个权威网站的信息，其热点新闻的筛选机制基于各新闻源网站和媒体的统计系统，无需人工编辑干预，从而确保了所呈现热点新闻的实时性和客观性，能有效地映射出公众关注的即时焦点（尹美群和李文博，2018）。因此，本研究采用"百度新闻"作为数据来源。

综合考量网络货运平台的发展情况，选择满帮和路歌两个企业作为分析重点，以"网络货运平台服务质量""路歌服务质量""满帮服务质量""满帮货运服务""路歌货运服务""路歌服务问题""满帮服务问题""路歌货主""满帮货主""路歌司机""满帮司机""满帮货运价格""路歌货运价格""满帮货运监管""路歌货运监管""满帮运输风险""路歌运输风险"等 20 个搜索关键词。对每个关键词的搜索结果进行人工判断并按相关性排序，若搜索结果从某页开始均为不相关新闻，则删除从此页往后的内容。

基于 Python 的开源工具包 Selenium，本研究将新闻结果抓取到本地计算机上，共抓取到 4086 条文本数据，存储到文件 allnews_4086. xlsx，每条数据包括新闻的标题、时间、来源和摘要，新闻时间分布在 2019 年 1 月到 2023 年 3 月，如图 7 – 3 所示。鉴于 2019 年颁布的《网络平台道路货物运输经营管理暂行办法》标志着无车承运人正式更名为网络平台道路货物运输经营者（以下简称网络货运），所以本研究选取的时间节点具有其合理性，这一时间点的确定为研究提供了法规变更后的实践背景，确保研究结果能够反映最新的行业发展趋势和政策导向。文本数据相关性显著，代表性的新闻资料来源涵盖腾讯新闻、网易新闻等媒体，均为当下主流媒体平台，可靠性较高。

1	title	time	source	abstract
2	标题：维天运通(路歌)牵手安徽工	2023年9月	金台资讯	摘要 路歌，深耕数字货运21年，是国内领先的全链路数字货运服务商，始终通过创新的技术应用和服
3	标题：满帮集团徐强:道路货运是	2023年9月	央广网	摘要 满帮集团党委书记、高级副总裁徐强指出，交通运输在低碳转型具有重要性和特殊性，主要体现在
4	标题：江苏首个“两新”群体法律	2023年9月	新华网江	摘要 新华网南京9月27日电(记者杨绍功)26日，在江苏省总工会和江苏省交通运输厅联合指导下，
5	标题：满帮优车助力85后货车司机	2023年9月	闪电新闻	摘要 据满帮平台显示，三年来，吴伟的好评率达到100%，也没有任何负面投诉。之后，吴伟成为了满
6	标题：维天运通(路歌):联动上下	2023年8月	金台资讯	摘要 为促进货运双方更好地合作，8月4日，维天运通(路歌)与广东省城际运输服务协会联合举办“路
7	标题：维天运通(路歌):深耕数字	2023年8月	金羊网	摘要 路歌广东省区营销总监史永生对各位嘉宾的到来表示欢迎，对各方伙伴对路歌长期以来的支持表
8	标题：创新“互联网+工会”服务	2023年8月	金台资讯	摘要 据了解，维天运通(路歌)旗下货车司机社区卡友地带，2021年被选定为全国货车司机网上入会试
9	标题：响应“工会伴您益路同行”	2023年8月	中国经济	摘要 通过持续开展线下活动，如“夏送清凉”“冬送温暖”，面对面向货车司机群体宣讲入会政策。
10	标题：打造“车轮上的工会” 满	2023年8月	南方网	摘要 8月24日，由中华全国总工会指导，广东省总工会主办，广州市总工会和满帮集团承办的“暖新聚力
11	标题：合肥这几人，被命名为全省	2023年8月	人民网	摘要 6、王志刚 安徽路歌运输有限公司 1993年至1996年，王志刚参军入伍，期间因作风优良、素质过
12	标题：货运市场竞价乱象如何根治	2023年8月	中国新闻	摘要 国务院参事室、交通运输部运输服务司、市场监管总局网监司有关专家和领导、满帮集团、德邦
13	标题：二季度发货量环比增长43.3	2023年8月	闪电新闻	摘要 ”张永梅帮助外地收购商完成收购、加工等环节之外，在运满满、货车帮等数字货运平台下单找
14	标题：推出“四个全程”新模式	2023年7月	中国日报	摘要 近日，满帮集团旗下网络货运品牌满运宝全面升级服务体系，推出“四个全程”服务即货物运输全
15	标题：满帮集团推出“火眼金睛”	2023年7月	中国新闻	摘要 满帮集团将坚持技术与服务先行，不断优化服务措施，提升服务标准，完善平台规则，让司机和货主
16	标题：科大国创:2023年度向特定	2023年7月	同花顺财	摘要 现代信息技术、新型智慧装备广泛应用，现代产业体系质量、效率、动力变革深入推进，既为物流
17	标题：数字化赋能传统农牧业，路	2023年6月	人民网	摘要 在融入实体经济产业链的积极探索中，路歌也为传统产业的现代化升级提供了更多的创新性思考。
18	标题：日化产品运输痛点如何解决	2023年6月	人民网	摘要 作为全链路数字货运服务商，路歌深耕物流行业20余年，对快消品供应链各个环节存在的痛点深刻
19	标题：半年内两轮融资、冷运业务	2023年6月	每日经济	摘要 在过去十多年发展中，满帮积累了相当规模有冷藏发货需求的货主和大量冷藏司机，早期，满帮
20	标题：满帮货车司机流动党支部开	2023年6月	金台资讯	摘要 下一步，我将结合实际，在组织的带领下服务好广大货车司机群体。”通过学习，党员货车司机
21	标题：满帮高管解读Q1财报:若剔	2023年5月	封面新闻	摘要 针对市场上流传的“满帮2021年GTV虚增10倍”的消息，有满帮集团内部人士表示，增值税主要

图7-3　新闻文本数据采集示例图（部分）

（二）新闻文本数据预处理

步骤一：新闻文本数据去重。

由于在百度新闻平台采集到的新闻文本数据会存在数据异常现象，其中最为突出的问题表现为新闻文本的重复，因此对每一个关键词搜索到的新闻进行去重处理。以关键词“网络货运平台服务质量”为例，在百度新闻平台搜索“网络货运平台服务质量”共得到相关新闻392条，使用信息摘要hash算法去重方案比对信息源是否一致，因为只要源发生变化，得到的摘要必然不同，而且通常结果要比源短很多，所以称为“摘要”。利用信息摘要算法能大大降低去重容器的存储空间使用率，并提高判断速度，从而实现重复新闻去除。得到不重复的新闻数量3022条，存储到文件allnews_3022.xlsx。新闻数据去重情况见表7-1。

表7-1　新闻数据去重情况

关键词	去重后新闻数量（条）	关键词	去重后新闻数量（条）
网络货运平台服务质量	284	路歌司机	165
网络货运服务投诉	150	满帮司机	93
路歌服务质量	277	满帮货运价格	79
满帮服务质量	307	路歌货运价格	108
满帮货运服务	222	满帮货运监管	133
路歌货运服务	263	路歌货运监管	91

续表

关键词	去重后新闻数量（条）	关键词	去重后新闻数量（条）
路歌服务问题	149	满帮运输风险	100
满帮服务问题	133	路歌运输风险	104
路歌货主	82	路歌货运费用	142
满帮货主	79	满帮货运费用	61
合计			3022

步骤二：新闻数据标题提取。

为更快速地掌握新闻文本数据的主要内容，对新闻内容初步判断其是否符合关键词相关范围。对文件 allnews_3022. xlsx 中的新闻标题列单独提取，整理得到文件 allnews_3022_title. xlsx。在后续分析时，新闻标题也可以帮助更快地理解文本内容，同时提高文本分析的效率和准确性。

（三）文本数据处理

为了直观展现服务影响因素，更加有指向性地分析新闻文本，对于3022条不重复的新闻数据，设置自定义词典，使用 Python 中的 jieba 包进行分词、停用词处理，对处理结果进行词频统计并绘制词云图，在此基础上计算高频词的 TF – IDF 值。

Jieba 分词是我国使用最广泛的一项中文分词工具，支持自定义词典，在信息检索过程中，为了节约存储空间并提升搜索效率，系统会在处理自然语言数据或文本的前后自动剔除特定的字词。例如，"而、而已、的""！#＄％"等 jieba. analyse 里的函数中可识别的字词。

运行分词和停用词过滤代码后，统计文本数据的词频，取前100名的高频词（见表7-2）。通过调用 Python 里的第三方模块 wordcloud，将部分高频关键词生成词云，如图7-4所示。由此可知，网络货运平台主体责任长期不落实，安全风险不确定性加大，平台服务与卡车司机需求不匹配的矛盾等问题显著。

表7-2   高频词统计

词汇	词频数	词汇	词频数	词汇	词频数	词汇	词频数
网络货运平台	282	货运代理	143	追逐利益	101	标准化	65
责任缺失	275	规范服务	142	稳固	101	控制能力	65
安全风险	264	借口压价	142	运行效率	100	服务能力	63
扣运费	252	交易流程	136	利益	96	服务生态	62
会员费高	201	代开发票	134	货物出口	93	成本	60
监管不力	198	从业环境	133	信息不对等	92	冷处理	59
肃清环境	189	举报	132	行业内卷	90	监管部	56
恶性竞争	180	货运安全	130	货运可靠性	89	货运枢纽	55
信息缺失	178	合作关系	128	货运服务	88	竞争	54
追逐利益	175	车主	127	交通部	87	出台政策	53
缺少规划	172	运费高	122	约谈	85	恶意压价	52
垄断信息	170	服务约束	120	运价机制	84	燃油费	52
信息缺失	170	不平衡	120	找车难	82	矛盾激化	51
压低运价	169	服务供应链	119	侵害权益	80	落实责任	50
私定运价	166	退费慢	115	匹配	80	追责	50
物流服务	163	服务组织化	112	运营监管	79	货物货损	48
资金成本	156	负担重	112	盈利	78	交易矛盾	48
价格不一	154	控制力	110	覆盖范围	77	服务干预	45
依法处罚	152	降本增效	109	技术提升	75	垄断	42
生存难	151	路歌服务	108	承运人过失	75	质量差	40
效率低	150	运输制度	106	信息差	73	服务质量	34
司机违约	148	车货匹配	105	交易流程	72	中介	33
货运份额	147	干预	103	督促	70	生态系统	33
不合理	144	无视限行	102	管理漏洞	69	服务维权	27
车货匹配	143	投诉	102	违约	67	不守信	24

图 7 - 4　部分高频词词云图

（四）TF - IDF 文本数据关键词权值计算

尽管通过对网络货运平台文本数据的高频词统计和词云图进行可视化展示，提供了对数据集中词汇分布的直观理解，但仅以词语的出现频率作为衡量其重要性的标准并不充分严谨，这种方法可能无法区分出与货运服务密切相关的关键词汇与那些频繁出现却关联性较低的词汇，鉴于此，课题组进一步对所提取的词条在文本语料中的重要性进行更为精细的排序分析，从而提升关键词筛选的精度，确保结果的相关性与准确性。在文本挖掘领域，关键词提取指的是自动从文本中提炼出最能概括文本主旨和内容的关键词汇或短语，在信息检索、文本分类、文本摘要、舆情分析等应用中具有重要作用。

TF - IDF（Term Frequency - Inverse Document Frequency）是一种常用的文本关键词提取方法，它用于计算词语在文本中的权重（李俊峰，2017），计算公式为

$$TF(t) = \frac{词\ t\ 在文档中出现次数}{文档中词的总数} \qquad (7-1)$$

$$IDF(t) = \log \frac{总文档数}{含词\ t\ 的文档数} \qquad (7-2)$$

$$TF - IDF(t) = TF(t) \times IDF(t) \qquad (7-3)$$

TF - IDF 算法的核心理念在于：当一个词在特定文档中频繁出现，同时在其他文档中鲜少出现时，这个词对于该文档的重要程度被认为是较高的

（兰晓芳等，2023）。TF（term frequency）表示词频，计算方式是统计一个词在文档中出现的次数，一个词在文档中频繁出现意味着它对该文档的重要性较高。而 IDF（逆文档频率）是通过计算一个词在所有文档中出现频次的倒数来衡量的，因此，如果一个词在文档集中出现的次数较少，它对于特定文档的重要性则被认为是更大的（兰晓芳等，2023）。

本书借助 Python 中的 math、Counter 和 jieba 三个模块，来实现网络货运服务的 TF–IDF 文本数据关键词权值计算。其中，math 模块提供了 log 函数，Counter 模块用于计算单词频率，jieba 模块则用于中文分词。图 7–5 显示了计算 TF–IDF 文本数据关键词权值代码示例。

```python
import math
if __name__ == '__main__':
    # 读取文档内容
    documents = []
    with open("out_count.txt", "r", encoding="utf-8") as file:
        for line in file:
            word, count = line.strip().split()
            documents.append((word, int(count)))
    # 分词数量
    total_words = sum(count for _, count in documents)
    # 计算TF-IDF
    tfidf_scores = []
    total_docs = len(documents)
    for word, count in documents:
        tf = count / total_words
        idf = math.log(total_docs / (sum(1 for doc in documents if word in doc)))
        tfidf_scores.append((word, tf * idf))
    # 将结果写入文件
    with open("tf_idf_result.txt", "w", encoding="utf-8") as output_file:
        for word, score in tfidf_scores:
            output_file.write(f"{word}: {score}\n")
```

图 7–5　计算 TF–IDF 文本数据关键词权值代码示例

将得到的关键词进行筛选，得出相关的词汇，并将其对应的 TF–IDF 权值进行汇总，如表 7–3 网络货运平台服务关键词 TF–IDF 权值汇总。

二、车货匹配业务问题分类总结

通过表 7–3，结合新闻文本内容进行分析，从平台、车主、货主三个角度进行服务问题的分类总结。

表 7 - 3   网络货运平台服务关键词 TF – IDF 权值汇总

词汇	TF – IDF 权值	词汇	TF – IDF 权值	词汇	TF – IDF 权值
网络货运平台	0.2573719315	司机投诉	0.0626934197	降本增效	0.0450222784
责任缺失	0.2472819315	违法处罚	0.0619931647	设备老化	0.0438277257
安全风险	0.1842906439	乱收费	0.0596864423	投诉服务	0.0426743645
克扣运费	0.1365497283	借口压价	0.0590685702	无视限行	0.0400381103
会员费高	0.1358082818	服务不规范	0.0584095067	稳固业务	0.0369487500
监管不力	0.1245630101	业务运营	0.0584095067	交流障碍	0.0369487500
运营监管	0.1217207985	代开发票	0.0580799749	运行效率	0.0355482399
货运环境差	0.1206498203	缺少沟通	0.0560615928	燃油费	0.0341889214
取消订单	0.1109286330	从业环境	0.0545786998	运输慢	0.0325412625
恶性竞争	0.1082099958	运输风险	0.0543315510	信息不对等	0.0310583695
货物损失	0.1072625920	效率低	0.0532605727	垄断信息	0.0304404975
拖欠运费	0.1048734866	非法改装	0.0528486580	数字化服务	0.0303993060
技术滞后	0.0988183403	超限超载	0.0519836371	货运服务	0.0303993060
信息缺失	0.0970471070	服务约束	0.0509538503	交通部	0.0302757316
垄断货源	0.0911567266	虚假订单	0.0509126588	约谈	0.0301521572
私定运价	0.0852251547	退费慢	0.0505831271	运价机制	0.0298226254
货主违约	0.0729089047	负担重	0.0500476379	找车难	0.0287928386
货物滞留	0.0726617558	服务组织化	0.0485235535	不匹配	0.0284221154
道路事故	0.0661946948	司机生存难	0.0482764047	侵害权益	0.0275982859

（一）平台服务问题

由表 7 – 3 可知，"网络货运平台""责任缺失""安全风险""克扣运费""监管不力""运营监管"等词汇的出现频率较高。结合新闻正文内容分析，概括平台存在以下服务问题。第一，平台定价机制不够明确，车主在货运订单页面只能看到一个明确的运费或运费区间，无法得知货主方的报价以及平台的抽成比例，在不透明的定价机制下，可能存在恶意克扣运费的问题。第二，平台作为资源聚集与分配者，在双边用户准入机制方面存在监管不足，未能严格审核用户注册信息，例如，没有有效甄别存在资质缺陷的司机、存在虚假货源订单等。第三，平台各方责任不清晰，争端解决方案不完善。不少用户反映在平台的咨询投诉窗口留言，并不能得到及时有效的反馈，在车货双方发生纠纷时，平台的争端解决能力不足以妥善解决。

（二）司机问题

由表 7-3 可知，"货运环境差""货物损失""货物滞留""服务不规范""运输风险""非法改装""超限超载"等词汇的出现频率较高，结合新闻正文进行分析，总结出货运司机在网络货物运输中面临以下问题。第一，在货物装载阶段，实际货物重量和订单描述可能存在出入，司机在低运价面前，司机通过非法改装、超限超载运输等方式增加收入，不仅违反道路运输规定，也存在极大的安全隐患。第二，在中长途货物运输中，为避免疲劳驾驶，按照相关规定，货运司机须每隔四小时停车休息至少 20 分钟，但是在实际运输途中尤其是夜间行车，卡准时间找到停车位是货运司机群体面临的一大难题。即便顺利找到停车位，也会因为担心货物、车辆、油气等而难以得到充分的休整。第三，货运服务缺乏必要的标准，司机不规范的作业容易造成货物损失，也存在较大的运输风险。

（三）货主问题

由表 7-3 可知，"取消订单""拖欠运费""货主违约""借口压价""效率低"等词汇的出现频率较高，结合新闻正文进行分析，总结出货主在网络货物运输中存在以下问题。第一，存在虚假货源订单，即在平台发布的货源信息如货物位置、重量等与实际不符。第二，随意取消订单，在车主接到订单后取消订单，对车主的利益造成一定损害。第三，运费结算不及时，司机常常抱怨，"拉了这么多单货，运费迟迟没有到账，油费、过路费等成本都需要自己先垫资"。第四，货物所在仓库的装卸效率低，损失的装卸货物等待时间对车主来说都是接单拉货的机会成本。有司机反映"装车前等待时间太长了，一天只能接一单。"

总结上述问题，车货匹配业务交互过程中存在以下三个方面的弊端。

第一，平台业务线上化程度低，难以规范管理。根据对网络货运平台企业的实地调研，部分中小型网络货运平台在运力池和资源库达到一定规模之前仍采用传统的人工调度方式进行车货匹配，其弊端显而易见。一是人工调度匹配的精度和效率都比较低；二是由于调度员与货主、车主进行面对面的深入沟通，一定程度上掌握了车源和货源，容易形成网络货运企业对调度员的高度依赖。

第二，直接交互环节较多，过程链低效。货主在平台发布货运订单之前，首先与平台进行直接交互以商讨运费。直接交互效率低，并且不同场景下运费计价规则不同，增加了双方的工作量，影响合作关系；在货物装载加固过程中，货主和车主直接交互，并且由于装货场景差异，存在压车时间参差不齐的现象，如装载大宗货物的压车时间较长，对车主造成资源过度占用、丧失机会成本，不少车主需要与货主协商装车延误补偿，不仅产生大量直接交互，拖延发车时间，也容易产生不必要的冲突。

第三，平台综合服务能力较低。例如，车主反映平台存在虚假货源现象，说明在"货少车多"的供需不平衡背景下，货主方入驻平台及发布货源订单时未经严格的资质审核。此外，车主希望能够及时获得运费，但是部分平台未能形成线上支付结算闭环。

三、车货匹配业务交互路径优化

（一）优化的原则

车货匹配业务过程链不产生物理产品，而是完成货物的空间位置转移，优化其过程链的最终目的是改善某些主体或主体集的幸福状态（Grönroos，2008）。

在优化服务流程之前，首先，要明确过程链网络的基本目的（Lovelock，1983）。第一，提供价值。过程链网络必须具有价值潜力，即具备能够改善幸福的资源，以促进价值实现。第二，满足过程主体需要。过程主体参与过程链的目的是满足自身需要，过程链要具备满足其需要的能力，以免其退出过程链。第三，实现利益交换。某一过程主体在参与过程链的过程中势必会与其他相关过程主体交互并实现利益交换。第四，改善过程主体的状态。过程链网络是基于价值的共同实现构成的，优化过程链的目的是使过程主体的状态有所改善。

其次，明确服务流程优化原则。第一，交互过程低效。交互过程比独立处理过程的效率更低。第二，规模经济效益。专业提供商通常比普通顾客具有更大的规模经济效益，尤其是可以通过标准化而进行批量操作的过程。第三，代理定位原则。代理交互介于直接交互和独立处理之间，可达到具备二者综合特性的效果。第四，客户化原则。越靠近客户过程领域的中心，潜在的客户化程度越大。

最后，根据三方主体的价值主张和现存问题，结合服务过程定位的四项基本原则，强化能够为所给定的价值主张作出贡献的交互，同时消除无用的交互，代替以更加高效的代理交互，从而优化车货匹配平台的服务交互路径。

（二）优化的思路

根据优化原则，结合车货匹配业务中存在的问题，提出以下优化思路并绘制优化 PCN 图，如图 7 – 6 所示。

第一，提高共创价值。以先进技术为支撑，将平台业务数字化。以科技研发提高企业的数字化水平，将线下的业务活动、主体间互动转变为线上的智能化作业。例如，在双边用户准入机制方面提升智能化水平，利用智能化技术对用户准入加强把控，特别是车主资质和车辆状况、货主资质及企业信誉等，在交易前期做好筛选，尽可能避免出现虚假货源和随意取消订单等问题，为交易双方营造良好的营商环境；采用智能调度系统代替人工调度，根据车辆空闲状态、货物与车辆位置、路线规划、返程货源等合理调度匹配，提高车货匹配精确度与效率的同时，使客户及车辆资源由归属某个人转变为归属平台。

第二，减少直接交互，替代为代理交互。当前车货匹配业务类型多元、覆盖面广、标准化程度低，难以控制服务质量。平台企业应开发更多标准化场景，包括货物特征、车况、运输需求等具体化，将装车延误补偿合理预估入运费中，并采用智能定价系统根据货物特征、重量、运输距离、装载复杂程度等信息，结合平台多年来沉淀的强大数据池，为车货双方确定合理的运价，将定价线上化、智能化，以减少货主与平台协商运费以及与车主商讨装车延误补偿的直接交互。同时将货物装载加固环节由货主与车主直接交互领域转移至其代理交互领域，货主到达起运地后直接凭借电子提货单提取定额货物，在线办理装载交接手续，减少人为直接交互，提高装载效率。

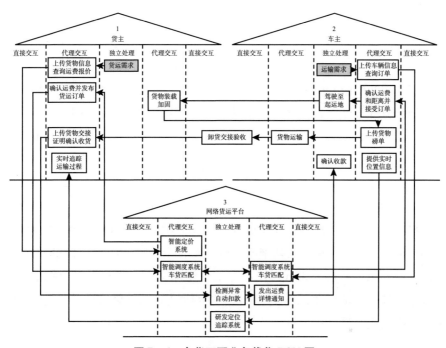

图7-6　车货匹配业务优化PCN图

第三，提高综合服务能力。充分利用平台的评价投诉功能，建立完善的争端解决机制，及时、高效解决双方问题，如针对货主方存在的虚假货源、结算不及时等问题，可通过评价投诉功能对其进行督促，提高平台服务质量，为双方减少争端处理成本的同时提高平台声誉，吸引更多用户进入。

第八章 网络货运服务质量改进研究

客户感知的服务质量会直接影响客户价值，进而影响客户的重复购买行为。如何有效管理服务质量对服务型企业具有重要意义。随着网络货运平台商业模式创新难度的逐渐加大，通过提升服务质量来维持客户群体稳定，已经成为影响网络货运企业生存的关键要素之一。SERVQUAL 量表是服务质量研究中使用最广泛的工具之一，它通过有形性（tangibles）、可靠性（reliability）、响应性（responsiveness）、保证性（assurance）、移情性（empathy）五个维度来衡量服务质量。在实际使用 SERVQUAL 量表时，研究者会结合不同行业的特性，对服务质量维度进行必要的修订，来提供评价结果的可靠性。本章利用第七章 Python 爬虫程序捕获新闻文本，对量表进行修正，并从服务差异化、信任度、必要性和聚焦度四个方面对网络货运平台企业的服务质量提出改进建议。

第一节 研 究 方 法

一、研究设计

网络货运平台具有双边市场的特征，车主和货主都是平台的用户，因此传统的 SERVQUAL 量表并不能很好地解决平台服务质量问题。左文明和朱文锋（2018）针对滴滴出行和优步的研究中，将网约车司机视同为平台的员工，网约车乘客作为平台服务的客户，来解决双边市场中的服务质量评价问题。网络货运企业的商业模式多种多样，车主和货主在平台服务中的角色确定不能简单参照网约车。

根据服务供应链的相关研究，客户不仅是资源的提供者，也从服务提供商处获得资源，在价值共创的背景下，客户扮演了部件供应商、劳动力、设计工程师、生产管理者等八种角色（Sampson & Spring，2012）。本书根据网络货运企业不同的商业模式来区别车主和货主在平台服务中的角色，动态修正 SERVQUAL 量表。研究中使用的数据通过 Python 爬虫程序捕获新闻文本，具体的分析结果在第七章第三节已有明确说明。根据获得的服务质量影响因素，利用扎根理论提炼核心范畴，按 SERVQUAL 量表中的分项指标进行归类，从服务的差异化、信任度、必要性和聚焦度四个方面进行分析，提出网络货运平台服务质量的改进对策，研究框架如图 8–1 所示。

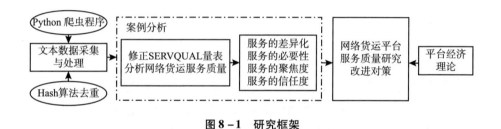

图 8–1　研究框架

二、案 例 选 择

本书依据理论抽样原则，选取网络货运代表企业路歌、满帮为研究对象。原因如下：第一，依据案例研究的聚焦原则、复制逻辑原则，两家企业在数字货运行业均处于领先地位，关注宏观环境的波动，为保持其竞争优势持续提升服务质量（吴群和杜媛媛，2023）；第二，两家企业成立较早，见证了国内网络货运（无车承运人）行业的发展，相应的网络新闻文本数据丰富，可追溯性强；第三，两家企业在 2021 年相继上市，企业的招股书对公司的业务和商业模式有较为清晰的简释。

通过对两家案例企业的业务模式分析发现，两者之间具有显著差异。

（1）路歌的业务属于数字货运型，主要包括货运服务与货运平台服务，其中货运服务是收入的主要来源。在货运服务中，路歌作为平台方，负责从货车司机安排到最终结算的整个货运流程，提供全链路数字货运服务；在货运平台服务中，路歌为客户企业和货车司机提供车货信息匹配，并以无车承运人角色承担若干法定责任。由于路歌全流程管控，向货主收取运费，向司机支付运费，因此可以参考左文明和朱文锋（2018）的研究，将司机视为路歌的员工，将货主视为网络货运服务的客户。

（2）满帮的业务属于货运匹配型，主要包括货运经纪业务、货运订单发布业务和交易服务业务，其中货运经纪业务是核心业务，占整体收入的比重超过一半。满帮作为货运经纪人，在平台上与托运人签订运输服务和平台服务合同，并与司机签订购买运输服务合同。由于货运经纪业务主要发生在陌生的货主与车主之间，满帮较少直接干预服务履约，管理重点也不是关系管理。因此，司机、货主都是货运经纪业务的服务对象，即司机、货主都是客户。

三、影响因素归类

根据第七章第三节文本数据处理的结果，对部分高频关键词的原始新闻文本内容进行人工比照，依照语法规则与人工经验，从网络货运平台各参与主体角度，归纳整理网络货运平台服务质量影响因素，为后续网络货运平台服务质量评价指标的选取、SERVQUAL 量表的修正与编码提供参考，进而提高网络货运平台服务文本数据分析的准确性和信度。

归纳整理关键词时，根据主体不同分为三类，如表 8 - 1 所示。

（1）把"责任缺失、安全风险、运输风险、技术滞后"归类到责任执行因素，综合安全风险因素，记作服务影响因素 I；把"监管不力、运营监管、货运环境差、服务不规范"归类到监管效率因素，发展策略因素，记作服务影响因素 II；把"会员费高、私定运价、乱收费、恶性竞争、退费慢"归类到费用结构因素，记作服务影响因素 III，以上属于平台方。

（2）把"拖欠运费、克扣运费、运营难"归类到运费支付因素，记作服务影响因素 IV；把"取消订单、司机投诉、效率低"归类到订单管理因素，记作服务影响因素 V；把"货主违约、虚假订单、司机生存难、不守信"归类到信誉与真实性因素，记作服务影响因素 VI，以上属于货主方。

表 8 – 1

网络货运平台服务问题因素归类表

高频关键词（部分）	比照原始新闻文本摘要（部分）	服务影响因素	参与方
责任缺失、安全风险、运输滞后、技术滞后	记者调查发现，部分网约货运平台为实现"扩张快、成本低"目标，想办法设法规避自身在车辆人员准入、服务安全管理等关键环节的主体责任缺失，导致司机合法权利难保障，留下安全风险隐患	（1）责任执行因素、综合安全风险因素	网络货运平台
监管不力、运营监管、货运环境差、服务不规范	走访使用该货运 App 的托运人、咨询 App 开发人员和业内专家，发现这些危险废物能运输到异地，与该平台所在地检察机关有关，也暴露出网络货运监管部门不明确和网络货运对托运和承运货物监管不明确的问题；随着网络货运市场的不断扩大，相关的政策和规范也在逐步完善。政府正在出台一系列法律法规来规范网络货运市场	（2）监管效率因素、发展策略因素	
会员费高、私定运价、乱收费、恶性竞争、退费慢	部分网络货运平台也继续开展自身治理行动，针对抽成比例，会员费高或服务费进行调整；某网络货运平台负责人表示，平台依然随意调整收费规则，上涨会员费等，上涨会员费、恶意压低运价、恶意压断货运运价、平台垄断货运运价，涉嫌侵害从业人员合法权益。随着网络货运平台上涨会员费等问题，互联网货运平台	（3）费用结构因素	
拖欠运费、克扣运价、运营难	这个行业绝大多数货主都是很守信用的，但是总有一部分老赖恶意拖欠、克扣运费，甚至跑路。正是他们在摧毁货主与司机之间的信任	（4）运费支付因素	
取消订单、司机投诉、效率低	卡友表示，在司机接单之后，随意取消订单对货主来说无伤大雅，但是取消订单平台也仅仅只用"拖"字诀来解决问题。但如果货车司机临时取消订单，就马上会面临封号的难题	（5）订单管理因素	
货主违约、虚假订单、司机生存难、不守信	货还没有卸，目前大部分货车司机遇见不守信用的货主所采用的方法就是扣留货物，通过货主付运费，这确实是最简单粗暴的方法，也帮助许多货车司机要回了运费；诈骗者可能会发布虚假货物信息，吸引货车司机，然后要求提前支付押金或运费	（6）信誉与真实性因素	货主

续表

高频关键词（部分）	比照原始新闻文本摘要（部分）	服务影响因素	参与方
非法改装、超限超载、道路事故、违法处罚、无视限行	然而，由于长时间疲劳驾驶、缺乏行车安全意识等原因，道路交通事故频发，给驾驶员、车辆和其他道路使用者带来了巨大风险。因此，提高货运司机的行车安全意识显得尤为重要	（7）道路安全认知因素	
货物货损、货物滞留、运输效率、运行效率	随着整个货运行业的发展，从业人数的增加以及市场日趋严酷的竞争，越来越多的个体经营户都开始感受到前所未有的危机。目前个人司机数量剧增同时运输效率太低，同行间的竞争太激烈，昨日接到用户紧急求救，其使用某拉货软件下单送货，运输过程中却没有采取保护措施，导致货物受损	（8）运输效率因素、货物处理与保管质量因素	承运人（运输公司或司机）
信息缺失、缺少沟通、交流障碍、服务约束、约谈	根据聚投诉、投诉直通车等平台记录，2018年货拉拉收到的投诉主要是用户对司机的不满，包括司机服务意识不够，言语粗鲁甚至动手伤人，在运输过程中，司机可能未能及时与货运公司沟通，导致信息传递不顺畅	（9）服务响应因素、沟通因素	

（3）把"非法改装、超限超载、道路事故、违法处罚、无视限行"归类到道路安全认知因素，记作服务影响因素Ⅶ；把"货物货损、货物滞留、运输慢、运行效率"归类到运输效率因素，货物处理与保管质量因素，记作服务影响因素Ⅷ；把"信息缺失、缺少沟通、交流障碍、服务约束、约谈"归类到服务响应因素，沟通因素，记作服务影响因素Ⅸ，以上属于承运人方。

第二节　理论模型分析

一、修正 SERVQUAL 量表

SERVQUAL 模型是一种常用的服务质量评估模型，可以用来评估各类服务的质量，包括网络货运平台（张夏恒和肖林，2023）。服务质量的评估对于提升用户体验、促进用户满意度和忠诚度非常重要。SERVQUAL 模型的五个维度各有侧重，具体如下。

有形性（tangibles），指服务的物理设备和设施的外观，包括实际的设施、设备、人员和沟通材料的外部表象。

可靠性（reliability），指服务提供者准确无误地履行承诺的能力，包括可靠、准确地完成所承诺的服务。

响应性（responsiveness），指服务提供者愿意帮助顾客并提供及时的服务，包括对请求的迅速反应和主动帮助。

保证性（assurance），指服务提供者的知识、礼貌以及能够激发顾客信任和信心的一般能力，包括员工的礼貌、专业知识、能力以及激发信任的能力。

移情性（empathy），指服务提供者对顾客的关注和个别关怀，包括对顾客的个人关注、对顾客需求的理解和提供个性化的服务。

SERVQUAL 模型在评估网络货运平台服务质量中具有较好的适用性。

（1）维度全面。SERVQUAL 模型包含五个主要的服务质量维度，包括有形性、可靠性、响应性、保证性和移情性（张芳馨等，2024）。这些维度能够全面评估网络货运平台的各个方面，包括货物配送的及时性、准确性、安全性，以及服务人员的专业能力和友好程度等。

（2）用户导向。SERVQUAL 模型将服务质量评估的重心放在用户的感知和期望上，通过比较用户对服务质量的期望与实际体验的差距，了解用户对服务的满意程度（胡莹等，2023）。在网络货运平台的评估中，可以通过调研用户的意见和建议，了解用户对服务的期望和需求，从而优化服务品质。

（3）可量化分析。SERVQUAL 模型通过测量用户对每个服务质量维度的期望和实际感知，定量地评估网络货运平台的服务质量。利用期望和感知之间的差值，得出每个维度的满意度得分，并计算出总体的服务质量得分，以及不同维度之间的优先级（胡莹等，2023）。

（4）基准比较。SERVQUAL 模型通过将用户的期望和实际感知进行比较，可以了解用户对不同维度的满意度，并且具备基准参照。网络货运平台可以通过与竞争对手进行比较，了解自己在各个服务质量维度上的优势和劣势，从而制定提升策略和差异化竞争策略。

（5）持续改进。SERVQUAL 模型是一个可持续改进的评估工具，通过定期进行服务质量评估，可以及时发现问题和改进机会，不断提升网络货运平台的服务质量，增强用户的满意度和忠诚度。

基于前述分析，结合 SERVQUAL 模型五个主要的服务质量维度，形成修订的网络货运平台服务 SERVQUAL 量表，如表 8 - 2 所示。

表 8 - 2 　　　　　　修正的网络货运平台服务 SERVQUAL 量表

核心范畴	小项	综合型企业（路歌）	撮合型企业（满帮）
		小项定义	小项定义
有形性	有形性 1	车辆证件齐全、平台架构完整	运单材料证件齐全、平台架构完整
	有形性 2	服务设备完善，车厢内干燥、整洁	平台网站及 App 的易用性和设计，服务设备完善
	有形性 3	司机穿着得体、取得相应驾驶证	平台品牌形象、员工形象良好
	有形性 4	车辆的规格符合装卸货要求、不超载	平台核验车辆规格符合装卸货要求、不超载

核心范畴	小项	综合型企业（路歌）	撮合型企业（满帮）
		小项定义	小项定义
可靠性	可靠性1	司机在承诺时间内将货物送到目的地	平台员工协调司机、货主，合理化货物送达时间
	可靠性2	司机妥善解决货物在运输途中遇到紧急情况	平台员工及时高效处理货物在运输中遇紧急情况
	可靠性3	平台员工、司机提供可靠服务	平台员工提供可靠服务
	可靠性4	司机准时送达货物	平台承诺准时送达货物
	可靠性5	准确记录行车路线、时间等信息	准确记录行车路线、时间等信息
响应性	响应性1	司机告诉货主确切接送时间或到达时间	平台员工协调司机、货主确定接送时间
	响应性2	司机及时为货主提供服务	平台及员工及时为司机、货主提供服务
	响应性3	平台及司机总是愿意帮助货主	平台及员工总是愿意帮助司机、货主
	响应性4	平台及司机不会因为太忙而无法及时响应货主的需求	平台及员工不会因为太忙而无法及时响应司机、货主的需求
保证性	保证性1	平台及司机是值得信赖的	平台及员工是值得信赖的
	保证性2	平台及司机提供服务使货主感到安全放心	平台及员工提供的服务使司机、货主感到安全放心
	保证性3	司机态度友好、举止礼貌	平台员工态度友好、举止礼貌
	保证性4	平台为员工及司机提供报酬，为货主提供服务	平台全流程监控完成高质量货物运输，协调报酬，为货主提供一致性服务
移情性	移情性1	平台为货主提供个性化服务	平台及员工为司机、货主提供个性服务
	移情性2	司机为货主提供个性化服务	平台及员工真诚的关心司机、货主
	移情性3	平台及司机了解货主的需求	平台及员工了解司机、货主的需求
	移情性4	平台及司机重视货主的利益	平台及员工重视司机、货主的利益
	移情性5	平台及司机提供方便货主的服务	平台及员工提供方便司机、货主的服务

在表8-2中，通过对各维度、小项节点、小项定义的考察可知，由于对双边用户角色划分的不同，路歌和满帮在可靠性、保证性、移情性等方面表现存在差异。具体来看，路歌倾向于通过业务流程的全程监控来解决监管不力等问题，因此会在司机的可靠性、司机对服务质量的保证性和货主对平台的信任度等方面表现出更多关注；满帮倾向于提供更为智能化的服务来解

决车货匹配等问题，因此会在平台服务的可靠性、平台对于服务质量的保证性和司机、货主对平台的信任度等方面表现出更多关注。

二、基于 SERVQUAL 的编码分析

将新闻标题与 SERVQUAL 的维度相结合，可以实现对大量新闻数据的量化分析，从而识别出舆情热点（朱岩等，2017）。新闻标题文本的编码遵循以下规则。

（1）时间节点的创建，新闻时间分布在 2019 年 1 月到 2023 年 3 月，考虑《网络平台道路货物运输经营管理暂行办法》（以下简称《暂行办法》）对行业发展的影响，将《暂行办法》正式实施前获取的新闻数据划入阶段1，正式实施后获取的新闻数据划入阶段 2。

（2）为了简明高效地统计和对比节点下的新闻标题数量，编码时将一个新闻标题作为单元编码对应的节点，不再对新闻标题进行拆分（左文明和朱文锋，2018）。

（3）依据扎根理论，对划定时间阶段的新闻标题进行三级编码处理，以形成概念、副范畴和核心范畴，由此得到表 8-3 的服务质量评价指标体系。

三、编码汇总

编码结果汇总如表 8-4 所示，副范畴数量、小项节点数高的维度即舆情热点。对于路歌和满帮，平台服务有形性的舆情热点均表现在"平台、系统是否完善"，其余维度的舆情热点则各有不同。可靠性方面，路歌的舆情热点表现在"平台、司机是否可靠"，满帮则表现在"平台、员工是否可靠"；响应性方面，路歌的舆情热点表现在"平台、司机是否愿意帮助货主"，满帮则表现在"平台对于司机、货主的帮助"；保证性方面，路歌的舆情热点表现在"平台、司机是否可信，以及驾驶安全性"，满帮则表现在"平台、员工对于服务质量的保证"；移情性方面，路歌的舆情热点表现在"平台、司机对货主需求是否重视"，满帮则表现在"平台对于司机、货主利益是否重视"。

表8-3　网络货运平台服务质量评价指标体系

核心范畴		副范畴	综合型企业（路歌）概念	副范畴	撮合型企业（满帮）概念
有形性	有形性1	平台	平台功能、监管、主体责任、安全管理等	平台	平台功能、监管、主体责任、安全管理等
		系统缺陷	克扣运费、账户被盗等事件	系统缺陷	会员费高、账户被盗等事件
	有形性2	技术升级	全程录像、报警设备、合理派单等服务	技术升级	全程录像、报警设备、合理派单等服务
		车内环境	车内干燥整洁、车厢底板平整	应用程序	界面设计是否直观、清晰，用户是否容易上手
	有形性3	身份认证	人脸识别司机身份、相关证件合规	身份认证	接入第三方数据服务核验接货司机身份
		穿着得体	司机穿着规范	品牌形象	平台品牌形象、员工形象良好
	有形性4	车辆配置	车龄、牌照、车型、轴距、排量等	车辆配置	平台实时监控、审核实际运输车辆车龄、牌照等
可靠性	可靠性1	突发事件	中途甩货、违规收费等事件	突发事件	中途甩货、绕路、违规收费等事件
		困难解决	司机解决货损问题	困难解决	平台员工协调解决货损问题
	可靠性2	事故赔付	发生事故保险公司拒赔事件	事故赔付	发生事故保险公司拒赔事件
		平台可靠性	平台合规	平台可靠性	平台合规
		司机可靠性	司机行为是否可靠	员工可靠性	员工行为是否可靠
	可靠性3	司机资质	司机考试、司机犯罪前科等	员工资质	平台对各部门员工考核
	可靠性4	找车难	货主抱怨找车难问题	找车难	货主抱怨找车难问题
	可靠性5	找货难	司机抱怨货源少、从业环境差	找货难	平台货源不稳定
		准时接送	司机路况不熟、物资滞留、通行受阻等事件	准时接送	平台承诺能否准时送货，员工能否实时监控路况行车受阻等事件
		信息记录	是否准确记录行程、准确计费	信息记录	是否准确记录行程、准确计费

续表

核心范畴	副范畴	综合型企业（路歌）		撮合型企业（满帮）	
		副范畴	概念	副范畴	概念
响应性	响应性 1	到达时间	司机能否准时到达，是否违约	到达时间	平台协调司机，货主货物到达时间
	响应性 2	迅速接送	司机是否存在取消订单、绕路等事件	迅速接送	平台能否为司机按规划路线等事件
	响应性 3	平台帮助	平台对于货主的帮助和回应	平台帮助	平台对货主、司机的帮助
		司机帮助	司机对货主的帮助		
	响应性 4	响应需求	客服有无响应货主找车难问题	响应需求	平台客服对于货主找车难、司机订单少的情况有无响应
保证性	保证性 1	平台可信性	平台有无责任缺失、监管不力等事件	平台可信性	平台有无责任缺失、监管不力等事件
	保证性 2	司机可信性	司机运输效率高低	员工信任性	平台员工工作效率高低
	保证性 3	驾驶安全性	司机有无疲劳驾驶等	服务安全性	平台有无提供安全性服务
		司机资质	是否通过驾驶考试	员工资质	是否通过服务考核，态度举止是否良好
	保证性 4	车祸事故	司机遭遇车祸、保险公司拒赔等事件	车祸事故	司机遭遇车祸、保险公司拒赔运输
		隐私泄露	司机、货物隐私泄露	全流程监控	平台有无全程监控货物运输
		暴力行为	司机暴力装卸，丢失货物等事件	服务行为一致性	平台服务是否一致，承诺是否履行
		司机报酬	司机收入下降，补贴减少等事件	报酬反馈与调整	平台结合反馈意见，与货主协调司机报酬标准
				货主评价	货主对货运输流程是否满意

续表

核心范畴		综合型企业（路歌）		撮合型企业（满帮）	
		副范畴	概念	副范畴	概念
移情性	移情性1	平台个性化	平台针对有特殊要求的货主提供个性化服务	平台个性化	平台针对货主、司机提供个性化服务
	移情性2	司机个性化	司机为货主专线送货	真诚服务	平台员工真诚服务司机、货主
	移情性3	了解货主需求	平台、司机了解货主需求	方便司机	平台根据司机的运输偏好、时间提供货源信息
		方便货主	平台提供合理运价、科学运输方案等服务	方便货主	平台推出定点接货、新服务功能等
	移情性4	货主利益	是否有平台补贴减少、司机不守信、加价等事件	货主利益	是否有平台补贴减少、司机不守信、加价等事件
		运费上涨	油价税价上涨后运费上涨的问题	司机利益	平台重视司机利益
	移情性5	事故赔付	发生事故保险公司拒赔事件	服务费上涨	市场对货运服务的需求增加使服务费增加，以平衡供需关系

表 8 - 4 汇总编码结果

核心范畴		综合型企业（路歌）			撮合型企业（满帮）		
		副范畴	副范畴数量	小项节点数	副范畴	副范畴数量	小项节点数
有形性	有形性1	平台架构	56	106	平台架构	67	131
		系统缺陷	50		系统缺陷	64	
	有形性2	技术升级	33	69	技术升级	38	72
		车内环境	26		应用程序	23	
		身份认证	10		身份认证	11	
	有形性3	穿着得体	20	20	品牌形象	37	37
	有形性4	车辆配置	17	17	车辆配置	32	32
可靠性	可靠性1	突发事件	32	96	突发事件	60	128
		困难解决	43		困难解决	48	
		事故赔付	21		事故赔付	20	
	可靠性2	平台可靠性	93	152	平台可靠性	76	179
		司机可靠性	59		员工可靠性	103	
	可靠性3	司机资质	26	26	员工资质	61	61
	可靠性4	找车难	39	39	找车难	76	76
	可靠性5	找货难	27	50	找货难	20	42
		准时接送	11		准时接送	15	
		信息记录	12		信息记录	7	
响应性	响应性1	到达时间	33	33	到达时间	20	20
	响应性2	迅速接送	26	26	迅速接送	47	47
	响应性3	平台帮助	42	72	平台帮助	84	84
		司机帮助	30				
	响应性4	响应需求	51	51	响应需求	70	70
保证性	保证性1	平台可信性	86	216	平台可信性	72	214
	保证性2	司机可信性	67		员工可信性	42	
		驾驶安全性	29		服务安全性	80	
	保证性3	司机资质	34		员工资质	20	

核心范畴		综合型企业（路歌）			撮合型企业（满帮）		
		副范畴	副范畴数量	小项节点数	副范畴	副范畴数量	小项节点数
保证性	保证性4	车祸事故	28	57	车祸事故	34	103
		隐私泄露	29		全流程监控	69	
		暴力行为	42	42	服务行为一致性	33	33
		司机报酬	123	123	报酬反馈与调整	30	82
					货主评价	52	
移情性	移情性1	平台个性化	62	62	平台个性化	70	70
	移情性2	司机个性化	47	47	真诚服务	52	52
	移情性3	了解货主需求	47	89	方便司机	47	92
		方便货主	42		方便货主	45	
	移情性4	货主利益	76	76	货主利益	56	106
	移情性5	运费上涨	40	65	司机利益	50	
		事故赔付	25		服务费上涨	37	37

第三节　网络货运平台服务质量分析

本节基于 SERVQUAL 模型从服务的差异化、信任度、必要性、聚焦度角度，在纵向分析（时间维度，分析同一企业在不同时间阶段服务质量的表现）和横向分析（企业维度，分析同一时间阶段不同企业服务质量的表现）两个方面，解读案例企业服务质量的表现，得到对应的命题。

一、差异化分析

（一）文本数据的卡方检验计算

差异化不仅体现在提供独特的服务特征，还体现在如何通过这些特征来增加顾客价值和满足顾客特定需求。差异化是平台区别于竞争对手的关键（左文明和朱文锋，2018）。根据修正的指标体系，分别对路歌、满帮在阶段1、阶段2对应的新闻文本数据编码，汇总各自所属22个小项节点的参考点数量。通过卡方拟合优度检验，从纵向、横向计算网络货运平台服务差异，结果见表8-5和表8-6。其中纵向计算比较同一企业对应小项节点在不同阶段上是否存在统计差异；横向计算比较同一阶段中不同企业对应小项节点是否存在统计差异。

表8-5　　　　　　　　　　纵向计算小项节点卡方检验

小项节点	路歌				满帮			
	1-参考点数量	2-参考点数量	χ^2	p值	1-参考点数量	2-参考点数量	χ^2	p值
有形性1	37	72	11.239	0.001**	52	89	9.709	0.002*
有形性2	20	46	10.242	0.001**	28	53	7.716	0.005**
有形性3	5	15	6.368	0.012*	15	36	8.647	0.003*
有形性4	3	14	7.118	0.008**	12	33	9.800	0.002*
可靠性1	32	64	10.667	0.001**	37	91	22.781	0.000**
可靠性2	60	92	6.737	0.009**	72	107	6.844	0.009**
可靠性3	11	15	0.615	0.433	26	35	1.328	0.249
可靠性4	12	27	5.769	0.016*	41	35	0.474	0.491
可靠性5	18	32	3.920	0.048*	13	29	6.095	0.014*
响应性1	15	18	0.273	0.602	9	11	0.200	0.655
响应性2	12	14	0.154	0.695	14	33	7.681	0.006**
响应性3	27	45	4.500	0.034*	24	60	15.429	0.000**
响应性4	14	37	10.373	0.001**	28	42	2.800	0.094
保证性1	66	130	20.898	0.000**	48	166	65.065	0.000**
保证性2	17	40	9.281	0.002**	33	70	13.291	0.000**
保证性3	13	28	5.488	0.019*	19	14	0.758	0.384
保证性4	58	55	0.080	0.778	27	55	9.561	0.002**

小项节点	路歌				满帮			
	1－参考点数量	2－参考点数量	χ^2	p 值	1－参考点数量	2－参考点数量	χ^2	p 值
移情性1	30	44	2.649	0.104	32	38	0.514	0.473
移情性2	25	22	0.191	0.662	24	28	0.308	0.579
移情性3	27	72	20.455	0.000**	31	51	4.878	0.027*
移情性4	22	64	20.512	0.000**	37	59	5.042	0.025*
移情性5	23	57	14.450	0.000**	8	28	11.111	0.001**

注：$*p<0.05$，$**p<0.01$。
资料来源：SPSS 输出结果。

表8－6　　　　　　　　横向计算小项节点卡方检验

小项节点	阶段1				阶段2			
	路歌－参考点数量	满帮－参考点数量	χ^2	p 值	路歌－参考点数量	满帮－参考点数量	χ^2	p 值
有形性1	37	52	2.528	0.112	72	89	1.795	0.180
有形性2	20	28	1.333	0.248	46	53	0.495	0.482
有形性3	5	15	5.000	0.025*	15	36	8.647	0.003**
有形性4	3	12	5.400	0.020*	14	33	7.681	0.006**
可靠性1	32	37	0.362	0.547	64	91	4.703	0.030*
可靠性2	60	72	1.091	0.296	92	107	1.131	0.288
可靠性3	11	26	6.081	0.014*	15	35	8.000	0.005**
可靠性4	12	41	15.868	0.000**	27	35	1.032	0.310
可靠性5	18	13	0.806	0.369	32	29	0.148	0.194
响应性1	15	9	1.500	0.221	18	11	1.690	0.006**
响应性2	12	14	0.154	0.695	14	33	7.681	0.143
响应性3	27	24	0.176	0.674	45	60	2.143	0.574
响应性4	14	28	4.667	0.031*	37	42	0.316	0.194

续表

小项节点	阶段1				阶段2			
	路歌－参考点数量	满帮－参考点数量	χ^2	p 值	路歌－参考点数量	满帮－参考点数量	χ^2	p 值
保证性1	66	48	2.842	0.092	130	166	4.378	0.036 *
保证性2	17	33	5.120	0.024 *	40	70	8.182	0.004 **
保证性3	13	19	1.125	0.289	28	14	4.667	0.031 *
保证性4	58	27	11.306	0.001 **	55	55	0.000	0.000
移情性1	30	32	0.065	0.799	44	38	0.439	0.508
移情性2	25	24	0.020	0.886	22	28	0.720	0.396
移情性3	27	31	0.276	0.599	72	51	3.585	0.058
移情性4	22	37	3.814	0.051	64	59	0.203	0.652
移情性5	23	8	7.258	0.007 **	57	28	9.894	0.002 **

注：* $p<0.05$，** $p<0.01$。
资料来源：SPSS 输出结果。

（二）文本数据差异化的结果分析

1. 纵向分析

计算的结果显示，在95%的置信水平下，路歌和满帮在两个阶段中分别有16个和15个小项节点存在差异，表明《暂行办法》出台对行业发展产生了影响。比照各小项节点的副范畴，进一步分析差异原因。

（1）在路歌从阶段1到阶段2的发展进程中，参考点数量差距较大且变动幅度较大的小项节点包括有形性1、有形性2、有形性4、可靠性1、可靠性2、响应性4、保证性1、保证性2、移情性3、移情性4、移情性5，共11个。进一步分析小项节点差异性较大的原因。有形性维度差异的主要原因是平台功能架构、身份认证和车辆配置等方面，由于作为网络货运经营者要求承担全程责任，对网络货运企业的平台功能、信息安全、合规运营、安全生产都提出了要求，舆论对上述问题的关注增多。可靠性维度差异的主要原因是强调货物交付的准时准确和司机的应急处置，反映舆论对运输异常情况的关注。响应性维度差异的主要原因是随着技术的进步，车辆调度向智能调度发展引起舆论的关注。保证性维度差异的主要原因是反映舆论对平台引入智能监控系统，提升运输透明度的关注。移情性维度差异的主要原因是平台开始提供更加精准的服务、透明的价格体系和便捷的支付选择来满足客户的个性化需求。

（2）在满帮从阶段1到阶段2的发展进程中，参考点数量差距较大且变动幅度较大的小项节点包括有形性2、有形性4、可靠性1、可靠性2、响应性2、响应性3、保证性1、保证性2、保证性4、移情性5，共10个。进一步分析小项节点差异性较大的原因。有形性维度差异的主要原因是舆论关注平台的易用性、车辆的合规以及对超载的监管。可靠性维度差异的主要原因是舆论关注平台加强与车主、货主协调，提升异常响应处置能力，优化运输体验。响应性维度差异的主要原因是舆论关注平台利用新技术提升响应速度，满足特定市场、特定客户需求。保证性维度差异的主要原因是舆论关注平台加强运输业务的监管，通过精准定位提升运输透明度和安全水平。移情性维度差异的主要原因是舆论关注平台优化系统使用体验、简化操作流程。

2. 横向分析

计算的结果显示，在95%的置信水平下，阶段1中，路歌和满帮在8个小项节点表现出差异，主要集中在有形性、可靠性和保证性维度；而在阶段2中，两家企业在9个小项节点上表现出差异，主要集中在保证性维度。

（1）阶段1中，业务模式差异产生的影响主要表现在可靠性4、保证性4和移情性5上。舆论上主要反映平台在提高匹配效率、优化激励措施、改善客户满意度等方面的差异。

（2）阶段2中，业务模式差异产生的影响主要表现在有形性3、有形性4、可靠性3、响应性1、保证性2、移情性5上。舆论上主要反映平台在司机培训、车辆配置、员工服务能力、智能匹配技术应用、平台提供安全性服务和满足客户的个性化需求等方面的差异。

由于在对SERVQUAL模型进行修正时，参考了网络货运平台的业务模式，因此仅通过业务模式的差异来判别对网络货运服务质量的影响尚缺乏足够的判断依据。

命题 1 更清晰的政策指引对网络货运平台服务质量的提高具有明显的促进作用。

二、信任度分析

（一）新闻标题情感表述的统计分析

服务的信任度是用户选择和使用网络货运平台的基础（Doney & Cannon，1997）。企业普遍关注物流交易中的诚信问题，平台、员工、顾客间的信任能有效降低感知风险，保障服务流程的顺利进行。对新闻文本数据来说，可以通过对标题的解读，区分与信任有关的情感表述，并分别标记为正向或者负向。借助 NVivo 软件分析网络货运平台服务相关的新闻标题，解读其中与信任相关的情感表述，区分新闻整体属于正面或者负面，并做相应的标记。表 8 - 7 反映路歌和满帮在两个不同阶段对应情感表述的参考点数量。

表 8 - 7   路歌、满帮的两阶段情感表述参考点数量

核心范畴	路歌				满帮			
	阶段 1 参考点数量		阶段 2 参考点数量		阶段 1 参考点数量		阶段 2 参考点数量	
	正面	负面	正面	负面	正面	负面	正面	负面
有形性	23	42	60	87	20	87	44	167
可靠性	38	95	73	157	56	133	98	199
响应性	10	78	23	91	18	57	39	107
保证性	33	121	73	180	44	83	116	189
移情性	60	67	145	114	50	49	110	94

计算各维度正（负）向参考点数在对应时间阶段所在维度的占比，正

面代表信任，负面代表不信任，并借助柱状图的形式直观展示数据的变化趋势和对比关系，如图 8－2 所示。

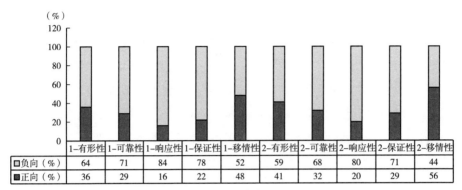

	1-有形性	1-可靠性	1-响应性	1-保证性	1-移情性	2-有形性	2-可靠性	2-响应性	2-保证性	2-移情性
负向（%）	64	71	84	78	52	59	68	80	71	44
正向（%）	36	29	16	22	48	41	32	20	29	56

（a）路歌

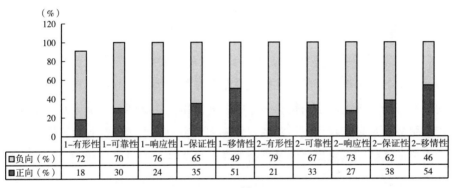

	1-有形性	1-可靠性	1-响应性	1-保证性	1-移情性	2-有形性	2-可靠性	2-响应性	2-保证性	2-移情性
负向（%）	72	70	76	65	49	79	67	73	62	46
正向（%）	18	30	24	35	51	21	33	27	38	54

（b）满帮

图 8－2　路歌、满帮在两阶段各维度的情感表述统计

（二）新闻标题情感表述统计结果分析

1. 纵向分析

对比不同企业服务质量在阶段 1 和阶段 2 的表现可知。

（1）路歌在移情性和有形性两个维度上正向情感表述占比较高，并且各维度的正向情感表述占比在阶段 2 都比阶段 1 有所增加。查看核心范畴及其副范畴标记的参考点，关注正向情感表述参考点所属的新闻标题发现，在移情性维度上，"平台个性化""司机个性化""了解货主需求"副范畴节点的新闻标题多以关注货主利益、赢得货主信任为主题，情感表述呈现正向态势；在有形性维度上，"平台架构""技术升级"副范畴节点的新闻标题在阶段 2 中涵盖大量与平台功能完善、主体责任明确以及货运安全提升等相关的内容，情感表述呈现正向态势。

（2）满帮在移情性和保证性两个维度上正向情感表述占比较高，并且各维度的正向情感表述占比在阶段 2 同样呈现上升趋势。在移情性维度上，"平台个性化""真诚服务""货主/司机利益"副范畴节点的新闻标题体现了满帮秉持司机货主平等原则、定制客户运输方案等举措，情感表述呈现正向态势。在保证性维度上，"平台/员工可信性""服务安全性"副范畴节点的新闻标题关注满帮上线"全能保障"服务、简化流程、提升效率、赢得用户信任等举措，情感表述呈现正向态势。

2. 横向分析

对比同一阶段不同企业服务质量的表现可知。

（1）阶段 1 中，移情性维度的参考点对应情感表述呈现正向的占比最高。查看各参考点对应的新闻标题，结合路歌和满帮在业务模式上的差异发现，在移情性维度的正向情感表述中，涉及路歌的新闻多为承运方提供全面货运服务、承担货物损失风险的责任感和对客户的承诺，这有助于构建和巩固客户的信任与满意度；涉及满帮的新闻多为企业的技术创新，通过高效的匹配系统确保司机与货主的利益，获得了市场的积极响应。

（2）阶段 2 中，移情性维度的参考点对应情感表述呈现正向的占比仍然是最高。但是各参考点对应的新闻标题，在两家企业上均趋向于关注顾客利益，反映出无论是路歌还是满帮，将顾客利益置于核心位置是提升服务质量、深化顾客关系以及增强市场竞争力的关键。

综合纵向和横向分析，得到以下命题。

命题 2 网络货运行业的正向情感表述源自对双边用户的关注。

命题 3 网络货运企业强化正向情感表述有助于提升客户信任水平。其中，数字货运型企业通过管理货运风险以及增加司机归属感强化正向情感表述，货运匹配型企业通过技术创新以及平衡双边用户利益强化正向情感表述。

三、必要性分析

(一) 各维度参考点数量的统计分析

必要性体现了市场的基本逻辑和客户的基本需求，即对于非必要服务要素，即使有高度的差异化，对于客户需要的影响也十分有限。网络货运平台服务质量的必要性分析关注在服务要素构成中具有不可或缺作用的维度。根据前述指标体系、两阶段编码汇总结果，分别整理路歌、满帮在阶段 1、阶段 2 各维度参考点数量，借助雷达图将数据可视化，从纵向和横向剖析舆情中热度较高的维度，研判平台服务中不同维度的必要性，如图 8-3 所示。

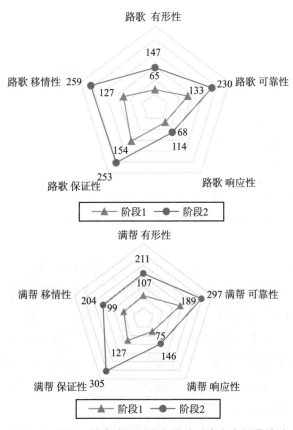

图 8-3 路歌、满帮在两阶段各维度的参考点数量统计

（二）各维度参考点数量的整理结果分析

1. 纵向分析

（1）路歌提供的平台服务在阶段 1 中舆情热点数量对应的维度依次为保证性、可靠性和移情性；在阶段 2 中受关注的维度依次为移情性、保证性和可靠性。两阶段数据的综合统计显示，保证性维度受关注度最高，其后依次是移情性、可靠性、有形性和响应性，其中保证性维度有 407 个参考点（占比 26.2%），移情性维度有 386 个参考点（占比 24.9%），可靠性维度有 363 个参考点（占比 23.4%），有形性维度有 212 个参考点（占比 13.6%），响应性维度有 182 个参考点（占比 11.7%）。

（2）满帮提供的平台服务在阶段 1 中舆情热点数量对应的维度依次为可靠性、保证性和有形性；在阶段 2 中受关注的维度依次为保证性、可靠性和有形性。两阶段数据的综合统计显示，可靠性维度受关注度最高，其后依次是保证性、有形性、移情性和响应性，其中可靠性维度有 486 个参考点（占比 33.2%），保证性维度有 432 个参考点（占比 29.6%），有形性维度有 318 个参考点（占比 21.7%），移情性维度有 303 个参考点（占比 20.7%），响应性维度有 221 个参考点（占比 15.1%）。

2. 横向分析

（1）阶段 1 中，路歌和满帮的舆情热点分别集中在保证性和可靠性维度上，解析相对应的核心范畴及其副范畴节点的相关新闻标题，结合两类平台业务模式上的差别发现：在路歌舆情热点集中的保证性维度上，"平台可信性"与"司机可信性"两个副范畴节点的舆情热度最高，路歌的业务模式在《暂行办法》出台前后虽然有所调整，但其推动货运数字化的理念并未改变。路歌的平台服务专注于精准的匹配调度、运力管理以及运单处理等，加强对货运服务全过程的监控，这些措施建立起平台服务的标准以及司机货运服务的规范操作流程；在满帮舆情热点集中的可靠性维度上，"平台可靠性"和"员工可靠性"两个副范畴节点的舆情热度最高，由于满帮的业务模式在《暂行办法》出台前主要是车货匹配，通过吸引大量车主、货主进入的方式激发网络效应，并向用户收取会员服务费、平台服务费等，因此平台承诺的服务是否可以兑现，平台员工是否能妥善处理纠纷等是用户最为关注的。

（2）阶段 2 中，舆情热点对应的服务质量维度变化最突出的是路歌在移情性维度上，该维度的排位从第 3 位上升到第 1 位。此变化体现了路歌应对行业从野蛮生长期向规范发展期转变所作出的转型与变革。路歌开始聚焦区域化物流市场的数字化和细分行业的物流业务数字化，增加了 7 种数字货运业务场景，来满足客户对高品质、标准化、个性化的服务的需求。

命题 4 平台履约能力和货运安全是体现网络货运服务质量的基础。

命题 5 网络货运企业可以强化不同的质量维度来确保服务质量。其中，数字货运型企业可以侧重于细分业务场景，强化移情性维度；货运匹配型企业可以侧重于数字化能力建设，强化保证性维度。

四、聚焦度分析

（一）新闻文本内容的聚焦度计算

聚焦度分析主要是为了理解和评估企业专注哪个方面的核心业务，或者明确服务质量改善的关键。由于新闻标题追求简洁和吸引力，仅依据新闻标题进行判别容易忽略细节，而新闻摘要则可以提供更多的背景信息和详细描述，有助于准确评估服务的聚焦度。因此，依据修正的服务质量评价指标体系，选取新闻文本摘要作为分析样本。在表格中借助软件的查找功能以及细致的人工校验，从样本中提取各评价指标的出现频次。计算各副范畴、核心范畴在相应时间阶段内文本总量中所占比例，得出各自频率。频率较高的维度被识别为聚焦维度，并进一步明确聚焦要素。网络货运平台新闻文本内容聚焦维度如表 8 - 8 所示。

（二）文本内容聚焦度的结果分析

1. 纵向分析

（1）路歌在阶段 1 中服务质量核心范畴的聚焦度排序从高到低依次为可靠性、保证性、移情性、有形性、响应性，其中可靠性维度对应文本内容

表8-8 网络货运平台新闻文本内容聚焦维度

核心范畴	副范畴	路歌 阶段1 文本频率（%）	路歌 阶段2 文本频率（%）	副范畴	满帮 阶段1 文本频率（%）	满帮 阶段2 文本频率（%）
有形性（路歌小计 阶段1: 15.47，阶段2: 13.17；满帮小计 阶段1: 16.26，阶段2: 16.86）						
有形性1	平台架构	3.65	2.88	平台架构	4.27	3.77
	系统缺陷	3.28	3.30	系统缺陷	3.16	2.07
有形性2	技术升级	2.73	2.00	技术升级	2.05	2.54
	车内环境	1.82	1.80	应用程序	1.58	3.45
有形性3	身份认证	1.09	0.66	身份认证	0.62	0.93
有形性4	穿着得体	1.63	1.32	品牌形象	2.69	2.05
	车辆配置	1.27	1.21	车辆配置	1.89	2.05
可靠性（路歌小计 阶段1: 27.87，阶段2: 25.84；满帮小计 阶段1: 28.00，阶段2: 34.09）						
可靠性1	突发事件	2.85	2.02	突发事件	3.96	3.34
	困难解决	3.03	2.83	困难解决	2.84	2.82
	事故赔付	1.57	1.66	事故赔付	1.26	1.36
可靠性2	平台可靠性	<u>6.32</u>	6.23	平台可靠性	<u>4.75</u>	6.65
	司机可靠性	<u>5.95</u>	4.15	员工可靠性	<u>6.34</u>	<u>7.45</u>
可靠性3	司机资质	1.93	1.96	员工资质	3.33	3.76
可靠性4	找车难	2.85	2.95	找车难	3.17	5.14
	找货难	1.91	1.95	找货难	1.26	1.62
可靠性5	准时接送	0.64	1.05	准时接送	0.78	1.19
	信息记录	0.82	1.04	信息记录	0.31	0.76

核心范畴		路歌					满帮				
		副范畴	文本频率	阶段1（%）	文本频率	阶段2（%）	副范畴	文本频率	阶段1（%）	文本频率	阶段2（%）
响应性	响应性1	到达时间	1.82		3.53		到达时间	1.26		3.37	
	响应性2	迅速接送	1.81		4.73		迅速接送	2.68		3.51	
	响应性3	平台帮助	2.73	11.82	3.18	11.88	平台帮助	4.12	11.23	4.56	11.66
		司机帮助	1.82		0.16						
	响应性4	响应需求	3.64		0.28		响应需求	3.17		0.22	
保证性	保证性1	平台可信性	4.08		7.02		平台可信性	4.65		0.22	
	保证性2	司机可信性	4.43		7.63		员工可信性	1.89		0.28	
	保证性3	驾驶安全性	1.32		0.46		服务安全性	4.25		0.34	
		司机资质	1.33		3.48		员工资质	1.26		0.28	
	保证性4	车祸事故	1.50	23.99	0.50	28.86	车祸事故	2.21	25.47	4.63	17.54
		隐私泄露	3.33		4.49		全流程监控	4.59		3.94	
		暴力行为	3.51		2.42		服务行为一致性	2.06		0.34	
		司机报酬	4.49		2.86		报酬反馈与调整	1.58		2.91	
							货主评价	2.98		4.63	

续表

核心范畴	副范畴	路歌 阶段1 文本频率(%)	阶段率(%)	阶段2 文本频率(%)	阶段率(%)	副范畴	满帮 阶段1 文本频率(%)	阶段率(%)	阶段2 文本频率(%)	阶段率(%)
移情性1	平台个性化	4.01	21.85	1.91	20.39	平台个性化	3.17	18.76	2.56	19.97
移情性2	司机个性化	3.65		2.18		真诚服务	2.98		4.05	
移情性3	了解货主需求	3.65		3.16		方便司机	2.97		3.85	
移情性4	方便货主	3.28		3.32		方便货主	2.29		2.05	
	货主利益	3.64		2.15		货主利益	2.53		2.22	
移情性5	运费上涨	2.17		3.32		司机利益	3.16		2.1	
	事故赔付	1.44		4.35		服务费上涨	1.35		2.91	

注：频率＝频次/文本总量，频率计算较高的数据加下划线突出显示。

出现频率最高达 27.87%，相应的副范畴中"平台可靠性""司机可靠性"最为重要。对照文本摘要内容，路歌在初创时期即以卡车司机服务作为重点，创建卡友地带，构建商业生态，确保货物运输的安全和质量。故而路歌将更多的注意力放在平台对客户的承诺以及司机货运服务的承诺是否可以得到履行。在阶段 2 中，可靠性和保证度两个维度对应文本内容出现频率在排位上发生对调，保证性维度对应文本内容出现频率最高达 28.86%，相应的副范畴中"平台可信性""司机可信性"最为重要。对照文本摘要内容，随着业务逐步稳定与成熟，路歌不再仅满足于完成承诺的服务，而是开始关注于构建更加专业的服务能力，提升客户对平台服务的信心。

（2）满帮在阶段 1 和阶段 2 中服务质量核心范畴的聚焦度排序最高的都是可靠性维度，相应的副范畴中"平台可靠性""员工可靠性"最为重要。这与平台的业务模式密不可分。此前一直以订单发布业务为主的满帮，在《暂行办法》出台后逐步增加货运经纪业务，并使其占整体收入的比重超过一半。因此，承诺的服务是否能够得到履行，始终是满帮需要高度关注的。

2. 横向分析

（1）阶段 1 中，作为平台型企业，路歌和满帮都要首先保障服务承诺的履行，避免由于服务失败而导致的客户流失，因此两家企业都聚焦在可靠性维度上。但是由于业务模式的差异，聚焦度在具体的服务要素上略有不同。

（2）阶段 2 中，路歌的服务聚焦点开始转向保证性维度，由于此阶段叠加有疫情的影响，保证客户业务的基本运转，破解行业焦虑，增强"运力供应链韧性"是路歌服务质量改善的方向。为此，路歌开始拓展其全链路数字货运平台理念，通过稳定司机与物流企业的长期合作关系，帮助物流企业建立私域运力池。满帮则仍然聚焦于可靠性维度，在"平台可靠性""员工可靠性"上下功夫，力图通过"平台可靠性"在服务标准化、业务流程清晰、资源匹配度提升等方面体现服务质量改善，通过"员工可靠性"在及时解决客户问题，营造良好的运营环境等方面体现服务质量改善。

命题 6 网络货运平台服务的可靠性是行业必须长期关注的重点因素。

命题 7 网络货运企业可以聚焦不同的服务维度来确保服务质量。其中，数字货运型企业可以侧重于建立私域运力池，聚焦保证性维度；货运匹配型企业可以侧重于提高业务透明度和标准化水平，聚焦可靠性维度。

第四节 研 究 结 论

本章以网络货运行业两大头部企业路歌、满帮为例，综合考量服务的差异化、信任度、必要性和聚焦度，对网络货运服务质量进行评估，得到了 7 个命题。根据命题的指向性，可进一步分为三类，如表 8－9 所示。

表 8－9 命题分类

分类维度	对应命题	命题表述
政策作用	命题 1	更清晰的政策指引对网络货运平台服务质量的提高具有明显的促进作用
行业影响	命题 2	网络货运行业的正向情感表述源自对双边用户的关注
	命题 4	平台履约能力和货运安全是体现网络货运服务质量的基础
	命题 6	网络货运平台服务的可靠性是行业必须长期关注的重点因素
模式差异	命题 3	网络货运企业强化正向情感表述有助于提升客户信任水平。其中，数字货运型企业通过管理货运风险以及增加司机归属感强化正向情感表述，货运匹配型企业通过技术创新以及平衡双边用户利益强化正向情感表述
	命题 5	网络货运企业可以强化不同的质量维度来确保服务质量。其中，数字货运型企业可以侧重于细分业务场景，强化移情性维度；货运匹配型企业可以侧重于数字化能力建设，强化保证性维度
	命题 7	网络货运企业可以聚焦不同的服务维度来确保服务质量。其中，数字货运型企业可以侧重于建立私域运力池，聚焦保证性维度；货运匹配型企业可以侧重于提高业务透明度和标准化水平，聚焦可靠性维度

结合分类维度和命题内容，给出以下服务质量提升建议。

（1）强化政策在提升服务质量中的引领作用。从差异化分析可知，《暂行办法》的出台对头部企业服务质量的提升有显著作用。平台企业不再是一个信息发布、供求匹配的网络空间，而是一个实际参与物流业务运营的

"局中人"。《暂行办法》及后续出台的建设指南、年度考核等，事实上成为约束行业规范发展的"紧箍咒"，客观上促进了行业服务质量的提升。平台经济的生态性体现在系统中利益相关者的价值都能够得到满足。因此，网络货运平台企业有责任进一步完善运价机制，加强标准化建设，积极配合相关部门的监管工作，为整个网络货运行业创设美好未来。

（2）履约是网络货运服务质量的"压舱石"。尽管互联网对行业的渗透带来了许多新的商业模式，但是网络货运平台生存的基础始终是货运。这既是双边用户需求的来源，也是其他增值服务得以存在的前提条件。履约即对货运合同的履行，货运合同规定了运输质量、安全、时效、付款、违约等条款，是双边用户都高度关注的内容。货运业务高度渗透于产业供应链中，高频交易主要发生在"熟关系"之间，长期关注服务的可靠性是稳定"熟关系"的关键。因此，网络货运平台企业在持续推进商业模式创新的同时，应当将更多的注意力转向运力能力建设，提升平台履约率和履约质量，从而持续改善平台服务质量。

（3）强化不同业务模式平台企业的优势业务。网络货运企业业务模式的不同，造就了其独具竞争力的优势业务，提升服务质量应围绕优势业务展开。数字货运型企业侧重于"数字＋货运"，利用先进技术细分业务场景，建立私域运力池，加强货运风险管理，加强移情性、保证性维度；货运匹配型企业侧重于"生态＋匹配"，利用先进技术形成覆盖广泛的货运数字网络，提升撮合效率和业务透明度，提高客户体验感，加强保证性维度、可靠性维度。

第九章　网络货运运力供应链构建：
管理框架与组织模式

第一节　引　　言

随着国家"互联网＋"战略的实施，以"车货匹配""无车承运"为主要模式的物流平台开始大量涌现，物流平台型企业的市场交易规模虽然从 2013 年的 0.2 万亿增长到 2018 年的 2.3 万亿，深刻改变了物流行业的发展格局。① 然而平台交易额的增长迅速，并未使平台企业真正获益。互联网相关行业通常具有"赢者通吃"的特征，即使是行业内规模最大的满帮集团，2019 年也仅在个别季度实现盈利。② 2019 年《网络平台道路货物运输经营管理暂行办法》（以下简称《暂行办法》）实施以来，物流平台型企业的商业模式创新进入一个相对稳定期，基于运力的标准化、精益化管理成为物流平台型企业生存与发展的关键（崔忠付，2021）。

运力是根据客户企业需求，通过对运输车辆与人员的调配，在一定时期内所能完成的运输业务量（储雪俭等，2018）。国内大量运输车辆为私人购买，通过挂靠等形式获得运营资质，运输业务层层转包，货物运输服务最终的提供商是车队，甚至个体司机等。客户、运输服务集成商和运输提供商之间形成了一条以运力交易和运输服务供给为基础，多个主体参与

---

① 艾瑞咨询.《中国物流服务行业研究报告（2019 年）》。
② 满帮：已在 2019 年部分季度实现盈利［EB/OL］.（2020 - 02 - 26）［2024 - 07 - 16］. https：//xw. qq. com/cmsid/20200226A09HG100.

的运输服务网络，即运力供应链，如图 9-1 所示。运力供应链是物流服务供应链在货物运输中的特殊表现形式，运力即该服务供应链所能实现的服务能力。

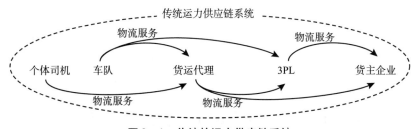

图 9-1　传统的运力供应链系统

传统的物流服务供应链（LSSC）研究关注物流服务集成商与服务提供商之间的任务分配、能力合作、质量监控（刘伟华，2007；刘伟和高志军，2012），随着高志军等（2014）将服务主导逻辑的思想引入物流服务供应链的相关研究中，对于物流服务供应链价值共创机理的揭示（宋志刚和赵启兰，2015）、客户参与服务的影响（张建军和赵启兰，2017）等成为新的关注点。相较于物流服务供应链，网络货运运力供应链融合了平台经济与LSSC 管理的优势，以客户为中心，以网络货运平台为载体，上下游企业的运力供求数据可以实现个性化、分布式共享，网络货运平台企业通过 LSSC上下游之间跨组织的战略、流程、信息协同和共享，实现运力供应链的智慧化决策、分布式资源智能调度、运营风险的智能识别与控制。因此，网络货运运力供应链具有区别于传统物流服务供应链的显著特征。

（1）端到端。网络货运平台企业作为物流服务集成商，具有平台企业的特征，分别对接了数量众多且地域分布广泛的客户和服务提供商，双边用户直接连通，运力供应链信息端到端共享。

（2）跨层级。物流服务提供商既包含具有一定规模的车队，也包含数量众多的个体司机，服务供应链上下游企业在网络货运平台的支持下可以实现跨层级连通，相较于传统 LSSC 具有更加复杂的服务网络。

（3）数智化。网络货运平台企业借助物联网、移动互联网、卫星定位等智能技术，完成运力供给与需求的对接，支持智能定价与决策，实现车辆运行情况实时跟踪，运力供应链的业务流程更加透明。

（4）复杂性。LSSC 的形成是物流服务集成商为满足特定客户需求而构建的服务供应链，业务场景相对单一，可以在重复服务中逐步构建标准化的业务场景；网络货运运力供应链中的平台企业对接了众多的货主和不同类型货物的运输需求，衍生出大量差异化、非标准化的复杂业务场景。网络货运运力供应链不同于传统 LSSC 的特征，对现代 LSSC 管理理论提出了新的挑战。

第二节　货运市场运力结构分析

由于货运市场中各类运输车辆的所有权与运营权分离，运力市场主要表现为三种类型的运力。

1. 自有运力

自有运力即企业获得运输工具的所有权或运营权，雇佣司机提供货运服务。自有运力具有稳定性强、易于管理、运输安全性高、运价可控等优势，但企业资金占用大、管理成本高，增加了企业的运营风险。按照运输工具的所有权差别，自有运力可进一步细分为以下三种。

（1）自建运力。企业出资采购车辆、雇佣司机并且负责车辆的运营维护费用。司机从企业领取工资收入。

（2）共建运力。企业出资采购车辆，并短暂持有。与司机就具体业务约定服务期限、业务收入的分成比例。服务期满后，车辆所有权转移给司机。司机收入体现为运费分成，同时负担车辆的运营维护费用。

（3）租赁运力。企业通过租赁方式获得车辆在某个期限内或某条线路上的运营权，司机收入体现为运费分成。车辆的运营维护费用由租赁合同约定。

2. 合同运力

合同运力即企业基于自身运输需求，与第三方物流企业或大车队合作，事先约定好价格和履约要求，由合作方提供货运服务。使用合同运力可以减少企业的固定资产投资，降低运营风险。按照合作建立方式的差别，可进一步细分为招标采购和定向约定。

（1）招标采购。企业根据自身承运业务的长期运输量，预测未来需求、设定服务 KPI 要求，并且据此进行招标，以获取投标方的服务能力。

（2）定向约定。形式上类似磋商，企业作为运力采购方，与符合条件的运力供应方就采购价格、采购量、服务标准等事宜进行反复协商。运力供应方通常与企业有较为长久的合作关系，双方的信任程度较高。

3. 临时运力

临时运力即企业通过各种方式临时匹配到的第三方运力。临时运力的来源是多样化的，如合作过的车队和司机本人，合作过的货运代理人，甚至朋友圈或第三方平台。临时运力使用成本低、市场供应充足、组织快捷方便，但也存在服务质量不稳定、标准化程度低等问题。

第三节　网络货运运力供应链管理框架

网络货运运力供应链管理框架包括：参与主体、组织结构、管理要素、价值创造和利益协调。管理框架的构建系统界定了供应链运行的基本范畴。

一、供应链与平台服务供应链

在传统观点中，服务与产品是对立的（Greenfield，2002），产品是有形的，服务是无形的，具有 IHIP 特性。这种观点的形成，是产品主导逻辑（goods dominant logic）长期盛行的结果。在产品主导逻辑下，研究者对供应链的研究重点关注了有形产品的供应链，通常认为产品供应链中的管理要素分为需求管理、计划管理、物流管理、供应管理、订单交付及回收管理六类（宋志刚和赵启兰，2015）。

在产品供应链管理研究取得大量成果的同时，以艾尔拉姆等（Ellram et al.，2004，2007）为代表的学者开始关注无形的服务，研究由服务集成商和服务提供商形成的服务供应链。与产品供应链不同的是，服务供应链中的服务能力无法像产品供应链一样沿供应链从上游到下游逐级交付，服务能力的交付过程与企业客户的消费过程是同步的（Drzymalski，2012；刘伟和高志军，2012）。在服务交付企业客户使用之前，集成商的核心工作是对服务能力的获取、配置和服务过程的设计等管理性活动。艾尔拉姆等（2004）将服务供应链的管理要素分为能力管理、需求管理、客户关系管理、供应商关系管理、服务交付管理、现金流管理六类。企业客户、集成商、提供商这些服务供应链中的参与者在利益分配中，形成了一个从下游到上游的资金流；而服务能力的交付过程并不是一个链，它是一个多方参与的系统（Lusch，2011）。系统的输入为设施设备、信息、客户关系、员工、专业知识与技能等各类资源或能力，经过能力管理、流程管理、绩效管理和客户管理等管理要素的转换，产生出能够满足企业客户需求的服务能力，并被企业客户消费（Vargo & Lusch，2011）。

随着共享经济的兴起，平台开始作为一种新的商业模式迅速发展（宋志刚，2018；杨学成和涂科，2017），极大地影响了企业的运营和互动。平台是一种典型的双边市场或多边市场，平台中不同类型的客户借助平台完成交易。平台服务的主要功能在于促进交易或者提高交易行为的效率（陈宏民和胥莉，2007）。平台服务利用互联网技术提供媒介，连接和匹配供给和需求。供需双方以物品所有权或使用权的交易和转让为目的，利用平台提供的网络基础设施、技术、服务等资源，以 O2O 模式运行的供应链，可以称为平台服务供应链。有关平台服务供应链的研究大多集中在平台定价、促销方法，这些研究为本书的研究提供了很好的研究基础，但是从运营管理的角度对平台服务供应链进行的研究仍然需要深入。

二、传统运力供应链的管理框架

作为 LSSC 的一种特殊形式，结合 LSSC 的概念，传统的运力供应链是一条围绕物流服务核心企业，以客户需求为出发点，通过对服务流、物流、信息流和资金流的控制，整合链上所有资源，将服务能力管理、服务流程管理、服务绩效管理和顾客价值管理进行集成，从而创造一个完整的从供应商到需求方物流服务增值的功能网链结构模式（崔爱平和刘伟，2008）。在这个多主体参与的系统中，节点企业主要包括服务提供商（个体司机、车队）、服务分包商（货运代理）、服务集成商和企业客户。由于层层转包关系的存在，传统运力供应链是具有复杂委托代理关系特征的。为了对比传统运力供应链与网络货运运力供应链管理的差异，对传统的物流服务供应链结构模型加以适当变形，如图 9 - 2 所示。

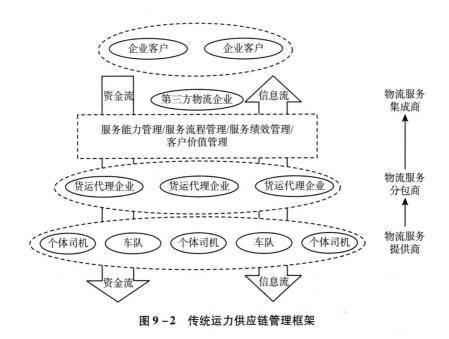

图 9 - 2 传统运力供应链管理框架

根据管理框架，传统运力供应链管理主要涉及组织结构、管理要素、价值创造和利益协调四个方面。

1. 组织结构

运力供应链中的核心企业通常是为产品供应链核心企业提供服务的第三方物流企业（3PL）。第三方物流企业作为服务集成商，将获得的物流业务通过服务分包商、服务提供商进行转包。服务集成商、分包商和提供商之间物流网络结构呈现正三角形。服务集成商依托物流网络将服务能力管理、流程管理等管理要素渗透其间，形成一种"中心化"的组织结构。

2. 管理要素

艾尔拉姆等（2004）结合 SCOR 模型提出的服务供应链中，将能力管理、需求管理、客户关系管理、供应商关系管理、服务交付管理、现金流管理构成了服务供应链管理的核心要素。巴尔塔乔卢等（Baltacioglu et al.，2007）则将其归纳为需求管理、能力与资源管理、客户关系管理、供应商关系管理、订单过程管理、服务绩效管理和信息与技术管理。传统运力供应链的管理主要基于管理人员的经验，缺少运营数据的支撑，难以建立起标准化的管理体系，服务质量波动较大。

3. 价值创造

传统运力供应链遵循价值链理论（Christopher & Lynette，2014），第三方物流企业根据客户企业的需求，将分包商和提供商提供的运输资源进行整合、形成运力，并且将其嵌入客户企业的物流服务流程中，完成服务交付，实现运力的价值。这是一种产品主导逻辑下的价值创造活动（宋志刚和赵启兰，2015）。

4. 利益协调

传统运力供应链通过成员间基于运力的分工与合作来实现关系协调和利益分配。服务集成商在利益分配中居于主导地位，各参与主体实现利益最大化的前提是运力供应链价值创造的最大化。

三、网络货运运力供应链的管理框架

网络货运平台中的企业用户数量众多。以满帮为例，2021 年 3 月，约有 140 万托运人在满帮平台发布货运订单。网络货运运力供应链依托网络货运平台进行运力组织与交付。5G、大数据、物联网、区块链和人工智能等技术的应用推动运力供应链的生态化演变（余玉刚等，2021），通过"去中介化"的商业模式创新（宋志刚，2018），形成端到端的扁平化供需网络和倒三角的组织结构。运力供应链中的成员借助网络货运平台实现运力的供求匹配，并与企业客户共创价值，如图 9-3 所示。

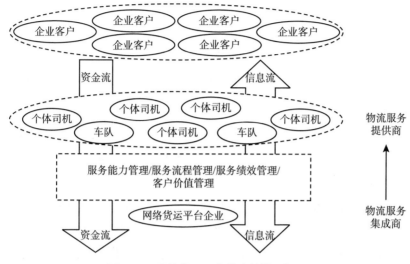

图9-3 网络货运运力供应链管理框架

以下从组织结构、管理要素、价值创造和利益协调四个方面来分析。

1. 组织结构

运力供应链中的核心企业是网络货运平台。平台虽然以无车承运人身份接受客户企业的订单，并将订单派发给具体的运力提供商，但平台本身并不实质性参与服务交付。根据客户类型的差异，平台使用自有运力、合同运力或者临时运力来满足客户需求，形成了典型的"大平台+小前端"，利用信息技术为各类运力赋能，由运力提供商与客户企业沟通并完成服务。网络货运平台、运力提供商之间的组织结构呈现倒三角形，并且实现了跨组织层级的连通。

2. 管理要素

除传统运力供应链管理需要考虑的要素外，网络货运运力供应链管理需要进一步解决以下要素。

（1）数字化服务能力管理。运力数字化既是运输资源的数字化，也是运输能力的数字化。运输资源的数字化主要指运载工具，将车型、车长、载重量和位置等信息数字化；运输能力的数字化主要指货车司机驾驶技能、习惯路线、履约情况、服务质量等信息数字化。大量数字化后的运力，构成网络货运平台的虚拟运力资源池。

（2）数字化交付能力管理。客户企业的需求不仅包括运输，还要求实时了解运输过程信息，通过在途跟踪、异常报备、位置上报、回单上传等，进行供应链管理。这些提供给相应客户的数据信息，即数字化交付能力，是区别于传统货运的关键所在。

（3）运力结构管理。网络货运平台对自有运力、合同运力、临时运力在总业务中的占比进行优化，以降低运营成本。

3. 价值创造

网络货运运力供应链遵循价值共创理论，物流平台企业根据客户企业的能力需求和服务标准，通过数字画像技术，动态匹配适合的运力提供商，运力提供商根据平台企业的信息指引，将自身运力资源嵌入并主导了价值创造活动。在整个服务交付过程中，客户企业、物流平台企业与运力提供商之间通过多元交互，理解客户企业的价值要素、评估运力提供商的服务达成度，这是一种服务主导逻辑下的价值创造活动。物流平台企业还同时关注运力提供商在维护运力供给方面的需求，围绕车辆、司机、燃油、保险等方面提供增值服务，形成以运力供应链为核心的服务生态系统，吸纳更多主体参与价值共创。

4. 利益协调

网络货运运力供应链是以运力合作为基础，通过运输合同明确彼此之间的权利与责任，并将收益共享机制制度化和公开化，供应链上的各方主体通过合作博弈来分享价值。

第四节　网络货运运力供应链的组织模式

管理框架揭示了网络货运平台企业主导的运力供应链管理范畴和运行基本点，但现实运行中网络货运平台企业会利用自身优势资源进行组织模式创新。通过近10年的发展，网络货运平台企业涌现出几种颇具代表性的运力供应链组织模式。这些组织模式具体包括：以满足临时性整车运力需求为重点的满帮集团；以满足计划性整车运力需求为重点的福佑卡车；以长期运力合作为重点的路歌。这些企业在商业模式、服务类型、价值创造等方面有着显著的差异，如表 9 - 1 所示。

表 9 - 1　　　　　　　　　不同类型的网络货运平台企业

特征	满帮	福佑	路歌
商业模式	车货匹配平台	数字承运人	数字货运平台
服务类型	撮合交易，帮助车、货双方寻找合适的资源	整合司机资源，为货主提供高质量、标准化运输服务	为货主提供下单、货物跟踪、运单管理、发票开具和付款等一站式服务
价值创造	提高货运匹配效率，缓解供需两端信息不对称	为货主提供标准化干线运输服务，通过全程管控运输服务，提高服务质量稳定性	为货主提供全链路数字化管控能力，为车主创造长期价值
运单分配	推荐合适货源，司机与货主自行协商	平台挑选一定数量承运人参与竞标或分配订单	货主筛选司机或平台甄选
车主端	以陌生司机为主	个体司机、车队司机和合同司机兼有	以熟司机为主
货主端	中小企业为主	以大型第三方物流企业为主	以大型第三方物流企业为主

资料来源：根据东吴证券研究报告《满帮集团：数字货运龙头，引领货运效率持续提升》修改得到。

一、满帮集团运力供应链组织模式

满帮集团由成立于 2011 年的货车帮和 2013 年的运满满合并而成。在两家企业合并前，货车帮和运满满分别开发了专门用于货运信息发布的移动App。2017 年，两家企业合并成立满帮集团。2021 年 6 月 22 日，满帮正式在纽交所挂牌。由于早期的车货匹配业务主要依靠线下的物流信息部和物流园区，较少有公司涉及货运线上信息匹配的业务，因此满帮具有较大的时间窗口优势。作为一家具有较强互联网属性的公司，通过补贴获取双边用户并激发网络效应是互联网公司惯常的做法。为此，满帮采取强地推策略，从物流园及加油站等司机、货主聚集地入手，积累了大量的司机及货主，双边网络效应逐渐显现，并依赖于强网络效应持续吸引更多的货主及司机。满帮的主要业务包括货运匹配服务和增值服务，其中货运匹配服务收入占比 75%。货运匹配业务可进一步细分为三类：货运经纪业务、货运订单发布业务和交易服务业务，如图 9-4 所示。

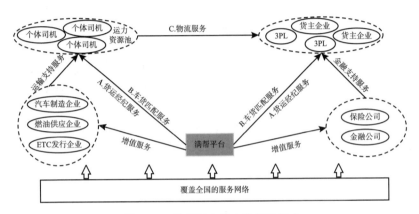

图 9-4　满帮运力供应链组织模式

（1）货运经纪业务。满帮作为货运经纪人，与托运人和司机分别签订运输服务合同，并与托运人签订平台服务合同。满帮收取的平台服务费即向托运人收取的运输服务费用与支付的运力成本之差。货运经纪业务是满帮的核心业务，占整体收入的比重超过一半。

（2）货运订单发布业务。满帮提供信息发布平台，货主在一定数量范围内的信息发布是免费的，而超过免费数量的信息发布，满帮会收取会员费。即允许会员托运方比非会员托运方发布更多的订单信息。

（3）交易服务业务。满帮基于货运订单发布业务和货运经济业务的发展，推出在线撮合交易服务业务。司机需要向平台支付运费押金以锁定订单，从而提升了平台的服务质量与履约比率。

满帮的运力资源积累前期主要来自地推。通过强有力的地推，满帮逐步构建起一个覆盖全国 300 多个城市和 10 万多条航线的货运网络。强大的货运网络对于新进入者，特别是区域参与者造成了很高的障碍。在简单的货运经纪业务基础上，满帮逐步深化货运匹配业务，致力于缩减供应链条，使客户企业可以直接与司机联系，减少多层中间商加价以及在物流园区的租赁费用。基于大量长尾运力及托运人，满帮将车型、货物类型、运输重量、运输地点等多个变量数字化，对数以百万计的托运人和卡车司机通过不同路线开展运输的活动进行动态编排，以便撮合车主及货主实现匹配效率的提升。由于货运匹配业务主要发生在陌生的货主与车主之间，满帮较少对运力池进行直接干预，管理重点也不是关系管理，而是通过重复交易积累的数据生成用户画像，识别履约能力强、服务质量高的车主，借助算法增加优质车主获得优质订单的概率，实现优质优价。

二、福佑卡车运力供应链组织模式

福佑卡车平台于 2015 年 3 月上线。平台定位履约平台，通过信息化、数字化方式提升自身履约能力及履约效率。2021 年福佑卡车向美国证监会提出申请，拟在美国纳斯达克上市。受市场环境变化影响，2022 年 4 月福佑卡车撤回在美上市申请。福佑的业务经历了一次重要的转型，从早期的经纪人竞价模式演变为履约平台模式，作为"承运者"，参与到了物流的交易过程中。因此福佑的主营业务收入来源于运输服务。福佑参与整个运输链条的完整交易环节，通过自身车队运输或寻找外部承运方赚取差价模式获得收入。从公开数据来看，2020 年运输服务收入占比达 99%，是福佑的主要收入来源。

福佑的运力池由自有运力和社会运力构成。其中自有运力以合同车司机为主。福佑的客户主要来源于电商、快递快运等货主企业，长期合作的重点客户、大客户占公司收入的绝大部分，占比达到 95% 以上。福佑作为承运人与客户签署合同，为客户开展运输服务。福佑虽然参与整个运输链条的完整交易环节，但其本身并不亲自参与货物运输，而是以承、托双方总调度人的角色，做好司机的管控，利用自研的信息系统，依靠智能报价、智能调度和智能服务等技术手段以预先定价将货运订单分配给平台上最合适的承运方，并实现实时跟踪，最终实现透明、高效、有保障、数字闭环的公路货运服务，如图 9-5 所示。

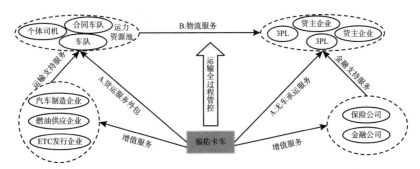

图 9 - 5　福佑运力供应链组织模式

福佑对运力供应链的组织主要通过报价、调度和风险控制三个方面进行。福佑认为运价是影响运输合同达成及有效履约的关键。福佑的智能报价系统结合车型、车长、包装、装卸地点、路线、时间、货物类型、重量体积、天气等因素计算价格，与市场价的吻合度较高。在调度方面，福佑收到来自上游的运单需求后，智能调度系统决定将其分发给平台上的个体司机或合同车司机。对于社会运力，平台基于司机画像及其常跑线路主动、定向推送运单，提高其成单效率；对于自有运力，所有运单全部由算法指派，在保障司机休息时间的前提下，系统以最小化空驶、最大化车辆运行效率为原则为司机派单。在风险控制方面，福佑通过智能预警系统可以自动识别 17 个业务节点中的异常场景，一旦车辆运行状况触发异常，主动发布预警。

三、路歌运力供应链组织模式

路歌的前身是成立于 2002 年的北京怡和佳讯，2005 年公司推出自主研发的 SaaS 解决方案——管车宝。2013 年建立路歌数字货运平台，2014 年推出货车司机 O2O 社区——卡友地带。2017 年成为国家首批无车承运试点企业，2023 年 3 月正式在港交所挂牌上市。路歌的业务主要由三个部分组成：数字货运业务、卡友地带及卡加车服。其中数字货运业务收入占比超 99%。数字货运业务包括货运服务与货运平台服务两种不同的服务模式，如图 9 - 6 所示。

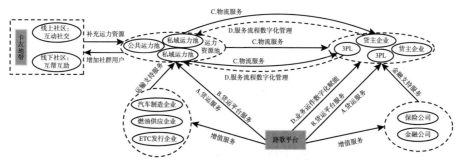

图 9-6　路歌运力供应链组织模式

（1）货运服务。通过对客户企业业务的深入分析，路歌帮助客户企业以适当的运力资源满足运输需求。作为平台方，路歌负责整个货运流程，提供全链路数字货运服务。货运服务通常向大宗货物企业等物流运输标准化程度较高的行业客户提供。

（2）货运平台服务。路歌主要提供车货匹配服务，以无车承运人角色承担若干法定责任。货运平台服务主要适用于解决货运协调高度复杂的行业客户需求。路歌将自企业客户收取的运费及支付给选定货车司机的运费之间的差额确认为平台服务收入。

在两类服务中，路歌更加重视第一类。路歌认为，"货运行业的效率来自协作，只有长期合作，货车司机才能掌握运输环节流程规则，从而为降本增效提供突破点"。因此，围绕长期合作的目标，路歌致力于帮助客户企业解决运力采购的数字化，通过数字技术的应用降低调度人员的权责，减少散乱的熟人关系对运力资源管理的影响。路歌建立关于调度的激励、考核制度，将调度的人脉值、成交次数、成交价格、运费保障单数等信息呈现给客户企业，使得调度价值可量化、收益阳光化，打造企业和调度双向认可的收益机制。其次，路歌基于长期合作关系对运力资源进行分级管理，将平台运力池中的部分长期合作运力转化为大客户的"私域运力"，保证大客户运力池的稳定性，也帮助运力提供商获得稳定的订单。进入"私域运力池"的货车司机，可以与大客户共创统一、标准化的业务规则，形成共同遵守和正向驱动的良性合作机制，打造更加公平、规范、有序的从业环境。最后，路歌通过"卡友地带"业务对平台运力资源进行补充。"卡友地带"建立了以卡车司机为核心的自治、协同服务体系，以纯公益方式逐步融入路歌生态体系。"卡友地带"不仅是货车司机的线上社交平台，为货车司机提供情感支持，它还是货车司机线下互帮互助的纽带，以公益的形式为货车司机行车提供安全支持。"卡友地带"中的活跃用户，形成了对路歌数字货运业务的认同之后，可以作为一种稳定的运力资源充实平台运力池。

在解决运力资源稳定供给的同时，路歌还着手从需求端为客户企业提供更多的增值服务，来保障运力供应链的稳定。一是为客户企业提供数字化交付。路歌持续推动入场装货、在途运输、到场卸货和回单快递的数字化。通过数字化交付帮助客户企业实施数字化管理，及时洞察潜在问题。二是增强业务的合规性。路歌通过实施财务结算数字化，提高内部的标准化程度，帮助卡车司机解决之前因为财务支付与业务之间断裂造成的纠纷，增强结算环节的合规性。

第五节　研究启示

网络货运平台以运力交易为基础构建的运力供应链是典型的平台服务供应链。它以平台企业为核心，通过数字技术连接车主与货主，实现资源的有效对接。网络货运平台的介入，打破了传统运力供应链的层级，实现了运力供应链层级的压缩，将传统的链式管理、能力逐级交付转变为网络化管理与能力直接交付。网络货运平台的运力供应链以倒三角结构支撑了运力提供商与客户企业之间的连接，实现了跨组织层级的连通。借助数字化交付能力管理和运力结构管理，网络货运平台的运力供应链以运力合作为基础，遵循价值共创理论。

根据网络货运平台的运力供应链管理框架和组织模式的研究，得到启示并提出以下建议。

（1）网络货运平台作为运力供应链的核心，其职能主要体现为赋能而非管理。网络货运平台借助移动互联网、物联网和大数据技术将商流、物流、资金流数字化，减少承托双方的搜索成本，增加运输全链路的透明度，提升订单的履约率，保障司机的运费收入。根据运力供应链组织模式的不同，网络货运平台赋能的重点也有所差异。如满帮关注为承托双方赋能；路歌通过对大客户赋能，帮助托运人建立私域运力池；福佑则通过数字技术赋能运输业务全流程，以"数字承运人"身份促进订单履约、提高服务质量。

（2）运力资源池是运力供应链竞争优势的重要来源。一方面，资源池中的运力数量的多寡决定了网络效应的大小；另一方面，运力资源的质量对运输服务质量有重要影响。满帮的智能匹配策略，福佑的智能定价、智能调度策略，路歌的运力采购数字化，都暗含了运力资源分级赋能的思想。通过分级赋能沉淀服务能力强、忠诚度高的运力资源，对于运力供应链提升客户价值意义重大。

（3）以价值共创的理念来指导运力供应链的构建。运力资源在空间上高度分散，在组织上缺乏规模，为网络货运平台发展留下了巨大的空间。但是运力资源具有多归属特征，货车司机使用多个平台找货的情况是非常普遍的。扩大运力池基数、保留优质运力资源是运力供应链构建的关键。以满帮、福佑、路歌等为代表的平台企业通过社群互动、货车司机节、司机之家等形式关爱司机会员，是增进用户黏性的重要手段，但帮助司机体面劳动并获得收益才是根本。这需要平台与双边用户秉持价值共创理念，以价值共创带动价值共享，在高质量的合作生产中保证价值可持续释放，在持续价值共创共享中开拓新的价值空间。

附录A 物流平台生态系统价值创造及优化提升访谈提纲

尊敬的企业负责人：

您好！本次调研旨在探究物流平台生态系统的价值创造机理，学习平台为客户创造价值的宝贵经验，为平台企业的业务模式与机制创新研究提供实践经验；同时了解用户对平台的使用意愿、看法和需求，挖掘影响用户使用平台意愿的关键因素，据此帮助企业了解如何提升用户的平台使用意愿，提高平台用户黏性，取得竞争优势。非常感谢您的宝贵意见！

本次调研的提纲如下，具体的访谈内容会根据访谈过程进行调整和深入。

1. 请您简单介绍公司的网络货运业务，主要面向哪些客户？有哪些第三方合作伙伴？

2. 客户使用平台的频率有多高？平台的日流量有多大？平台通过哪些业务创造价值？

3. 平台的车货匹配是如何开展的？平台对司机的运输提供了什么帮助？是否开展了线上支付服务？如何解决货物运输发票、通行费发票等问题？

4. 平台是如何帮助货主监督司机的运输过程的？平台是否提供了智能调度的功能？平台对货主方产生了哪些影响？

5. 平台在金融、保险服务方面是否有相关的业务？为客户提供哪些服务？如何满足客户的个性化需求？

6. 平台如何解决货运过程中的争端？是否有服务评价机制和对应的奖励、惩罚措施？

7. 平台如何管理用户和合作伙伴？如何提高平台服务质量？

8. 通过使用平台，配货效率、运输效率是否得到提高？物流成本是否有所降低？为什么？

9. 请您结合公司具体的实践谈一下，平台的出现为公路运输的发展提供了哪些方面支持和改善？货运行业的违约行为是否有所降低？

10. 平台业务现在发展还存在什么问题？您对未来平台的发展有什么规划？

11. 为了保障平台业务的未来发展，您觉得政策可以从哪些方面进行完善？

附录 B　物流平台生态系统价值创造机理调研

尊敬的女士/先生:

您好! 非常感谢您在百忙中之中抽出时间填写这份问卷。本次调研旨在探究物流平台生态系统的价值创造机理,此次调查所收集的信息只用于学术研究,所获信息绝不泄露。问卷没有对错之分,请尽可能按您了解的实际情况作答。非常感谢您的支持和参与,如果需要,我们将向您反馈调研结果供您借鉴。

第一部分: 企业基本信息

企业类型	□物流平台企业　　　□生产制造企业　　　□商贸企业 □运输企业(个体司机)　□金融保险机构　　　□科研机构
企业年龄	□1~3 年　　　□4~6 年　　　□7~10 年　　　□更多
企业人数	□10 人以下　　□11~50 人　　□51~100 人 □101~300 人　□301~500 人　□501 人以上

第二部分: 物流平台生态系统价值创造机理

以下问题主要围绕物流平台生态系统在值创造过程中,价值主张、价值创造与价值实现之间的逻辑关系,请根据您的判断和认可程度在 1~5 打分(1 = 完全不同意,2 = 不同意,3 = 一般,4 = 同意,5 = 完全同意)。

测量变量	调查题项	认可程度				
高效匹配	1. 我希望能够在平台上搜索到所需的资源信息	1	2	3	4	5
	2. 我希望平台能根据我的需求为我快速匹配资源	1	2	3	4	5
	3. 我希望平台为我匹配的资源是真实有效的	1	2	3	4	5

测量变量	调查题项	认可程度				
全景协同	4. 我希望平台能够提供车辆和货物的实时轨迹	1	2	3	4	5
	5. 我希望平台能够自动核对账单信息并在线结算运费	1	2	3	4	5
	6. 我希望平台可以满足所有货运相关的业务需求	1	2	3	4	5
	7. 我希望平台能够提供比线下更加便捷的一站式服务	1	2	3	4	5
共治共生	8. 我希望能够参与平台生态系统的治理	1	2	3	4	5
	9. 我希望能够与系统内其他企业共同成长	1	2	3	4	5
	10. 我希望能够在平台生态系统中实现长远发展	1	2	3	4	5
资源整合	11. 平台上有充足的车源/货源信息	1	2	3	4	5
	12. 平台会为我提供金融、保险、税务等服务	1	2	3	4	5
	13. 平台会为我提供车辆销售、维修、保养等服务	1	2	3	4	5
连接赋能	14. 我能通过平台与供应链上其他企业进行合作	1	2	3	4	5
	15. 我能通过平台使用其他企业分享的资源信息	1	2	3	4	5
	16. 我愿意在平台上共享我的资源	1	2	3	4	5
	17. 我能够依托平台拓展更多的业务	1	2	3	4	5
降本增效	18. 通过使用平台降低了我的信息搜寻和匹配交易成本	1	2	3	4	5
	19. 通过使用平台降低了车辆空载率和空车等待时间	1	2	3	4	5
	20. 通过使用平台提高了运输的质量和效率	1	2	3	4	5
	21. 通过使用平台提升了我的效益	1	2	3	4	5
服务创新	22. 平台提供的服务内容很新颖	1	2	3	4	5
	23. 平台提供了创新的服务流程	1	2	3	4	5
	24. 创新的服务体验提高了我对平台的依赖度	1	2	3	4	5
信用水平提升	25. 如果违反了平台规定，我会受到惩罚	1	2	3	4	5
	26. 如果我提供的服务受到好评，会提高我的信用等级	1	2	3	4	5
	27. 平台会为信用等级高的用户提供更优质的服务	1	2	3	4	5

附录 C 入选的案例企业

案例编码	企业	案例名称	地域	类型	时间
C1	安徽慧联运科技有限公司	慧联运智慧物流云平台	安徽	单独创设	2020年
C2	安徽慧通互联科技有限公司	慧易通物流信息服务平台	安徽	单独创设	2018年
C3	百世优货科技（天津）有限公司	网络货运信息异常AI识别与智能化反馈系统	天津	依附创设	2021年
C4	曹妃甸港物联科技有限公司	港车厂协同网络货运平台	河北	依附创设	2021年
C5	成都积微物联电子商务有限公司	积微运网无车承运人服务平台	四川	依附创设	2017年
C6	德邻陆港（鞍山）有限责任公司	德邻畅途平台	辽宁	依附创设	2020年
C7	德邻陆港（鞍山）有限责任公司	以智能物流开创无车承运人增值服务运营新格局	辽宁	依附创设	2018年
C8	广西物物智慧科技有限公司	广西物流公共信息服务平台	广西	依附创设	2020年
C9	广西桂物智慧科技有限公司	广西物流公共信息服务平台——"行·好运"网	广西	依附创设	2018年
C10	杭州大恩物联科技有限公司	大恩物联无车承运试点项目	浙江	依附创设	2018年
C11	合肥维天运通信息科技股份有限公司	路歌"区块链＋供应链金融"平台项目	安徽	单独创设	2020年
C12	合肥维天运通信息科技股份有限公司	路歌"区块链＋供应链金融创新应用"案例	安徽	单独创设	2021年
C13	合肥维天运通信息科技股份有限公司	路歌无车承运人	安徽	单独创设	2017年

续表

案例编码	企业	案例名称	地域	类型	时间
C14	合肥维天运通信息科技股份有限公司	上海益扬物流"微经营"解决方案	安徽	单独创设	2018 年
C15	河北安粼网络科技有限公司	安粼云智运网络货运平台	河北	单独创设	2020 年
C16	河北新武安钢铁集团物流有限公司	安粼云智运无车承运	河北	依附创设	2019 年
C17	河南省脱颖实业有限公司	"货运快车"服务平台	河南	单独创设	2020 年
C18	河南省脱颖实业有限公司	货运快车 V1.0 系统	河南	单独创设	2018 年
C19	河南紫云计算股份有限公司	紫云冷链物流云	河南	单独创设	2017 年
C20	湖南天昕物流信息科技有限公司	牛运无车承运交易保障平台	湖南	单独创设	2017 年
C21	湖南天昕物流信息科技有限公司	网络货运管理系统平台	湖南	单独创设	2020 年
C22	湖南天昕物流信息科技有限公司	网络货运管理系统平台	湖南	单独创设	2021 年
C23	吉林省宝奇智慧物流产业中心有限公司	宝奇智慧物流平台	吉林	单独创设	2020 年
C24	吉林省掌控物流科技有限公司	以无车承运平台推动汽车物流行业向智慧物流转型升级	吉林	依附创设	2019 年
C25	江苏钢润现代物流有限公司	基于钢牛交易平台和物流信息网的无车承运人物流共享平台	江苏	依附创设	2017 年
C26	江苏零浩网络科技有限公司	智通三千物联信息服务平台	江苏	单独创设	2017 年
C27	江苏零浩网络科技有限公司	智通三千物联信息服务平台	江苏	单独创设	2018 年
C28	江西约货科技有限公司	网络货运平台数字化构建	江西	单独创设	2021 年
C29	门到门信息技术有限公司	门到门无车承运智慧物流系统	辽宁	依附创设	2019 年
C30	南京福佑在线电子商务有限公司	福佑卡车网络货运平台	江苏	单独创设	2020 年
C31	内蒙古多蒙德科技有限公司	多蒙达网络货运平台	内蒙古	单独创设	2021 年
C32	宁夏梦驼铃科技有限责任公司	梦驼铃物流产业平台应用案例	宁夏	单独创设	2021 年

续表

案例编码	企业	案例名称	地域	类型	时间
C33	泉州市闽运兴物流有限责任公司	无车承运人管理系统	福建	依附创设	2017年
C34	山东云顺科技有限公司	云顺通—中国网络货运场景物流领导品牌	山东	依附创设	2021年
C35	山西惠捷供应链科技有限公司	惠捷智运网络货运平台	山西	依附创设	2021年
C36	山西快成物流科技有限公司	大宗商品智慧物流·供应链管理平台	山西	依附创设	2019年
C37	陕西陆运帮网络科技有限公司	陆运帮网络货运平台	陕西	单独创设	2020年
C38	上海成达信息科技有限公司	货运中国网无车承运服务	上海	单独创设	2017年
C39	上海卡行天下供应链管理有限公司	货运圈系统	上海	单独创设	2017年
C40	上海胖猫物流有限公司	无车承运人应用案例	上海	依附创设	2018年
C41	上海申丝企业发展有限公司	无车承运人信息化应用案例	上海	依附创设	2017年
C42	深圳依时货拉拉科技有限公司	货拉拉O2O同城货运平台	广东	单独创设	2018年
C43	世德现代物流有限公司	大宗货运领域"无车承运＋多式联运"的领先者	山西	依附创设	2018年
C44	天津粮运物流有限公司	天津粮运网络货运系统解决方案	天津	依附创设	2020年
C45	天津长久大智运输有限公司	商品车物流网络货运平台	天津	依附创设	2020年
C46	铜陵有色铜冠物流有限公司	有色金属无车承运服务	安徽	依附创设	2018年
C47	五矿物流集团有限公司	五链运平台项目	天津	依附创设	2019年
C48	武汉物易云通网络科技有限公司	司机宝网络货运平台	湖北	单独创设	2020年
C49	西安货达网络科技有限公司	大宗商品供应链物流云平台	陕西	单独创设	2020年
C50	西安货达网络科技有限公司	货达智慧物流供应链平台	陕西	单独创设	2018年

续表

案例编码	企业	案例名称	地域	类型	时间
C51	西安货达网络科技有限公司	货大物流管理云平台	陕西	单独创设	2021 年
C52	西安货达网络科技有限公司	基于北斗系统的大宗商品无车承运项目	陕西	单独创设	2017 年
C53	西安胜途汽车服务有限公司	驼峰平台	陕西	依附创设	2017 年
C54	圆通全球速运集团	全球集运平台助力上海圆汇无车承运人服务升级	上海	依附创设	2019 年
C55	远孚物流集团	基于供应链管理平台的"无车承运人"物流平台构建	上海	依附创设	2018 年
C56	云南旺宸运输有限公司	"旺宸智运"网络货运平台	云南	依附创设	2020 年
C57	东莞驿道网络科技有限公司	运的易智慧物流生态综合物流平台	广东	单独创设	2019 年
C58	长沙争渡网络科技有限公司	争渡物流供应链协同管理平台	湖南	单独创设	2019 年
C59	浙江桔瓣科技有限公司	桔瓣优运无车承运人平台案例	浙江	依附创设	2018 年
C60	浙江众创鑫宇供应链管理有限公司	星卡互联助力企业货运降本增效	浙江	单独创设	2020 年
C61	浙江专线全网网物联科技有限公司	大票货物物流服务平台	浙江	单独创设	2018 年
C62	振华东疆（天津）有限公司	集行网项目	天津	依附创设	2017 年
C63	中储南京智慧物流有限公司	物流易交易共享平台	江苏	依附创设	2020 年
C64	中储南京智慧物流科技有限公司	中储智运平台	江苏	依附创设	2021 年
C65	中国外运华北有限公司	中国外运华北有限公司网络货运平台	天津	依附创设	2020 年
C66	中物智福（福建）物流有限公司	"快运滴"智慧物流信息平台	福建	单独创设	2018 年
C67	中原大易科技有限公司	大易网货货运平台依托普惠金融助力大宗货主降本增效	河南	单独创设	2021 年
C68	中原大易科技有限公司	大易物流无车（无船）承运人服务平台	河南	单独创设	2019 年

注：部分企业不同时间提交的案例采用了相同的案例名称。

参 考 文 献

[1] 蔡宁, 刘双, 王节祥, 等. 平台生态系统战略更新的过程机制研究: 相互依赖关系构建的视角 [J]. 南开管理评论, 2023: 1-19.

[2] 陈朝福. 组织转型研究——新科学典范的创造性演化观点 [D]. 台北: 台湾大学, 2002.

[3] 陈传明. 企业战略调整的路径依赖特征及其超越 [J]. 管理世界, 2002 (6): 94-101.

[4] 陈宏民, 胥莉. 双边市场: 企业竞争环境的新视角 [M]. 上海: 上海人民出版社, 2007.

[5] 陈威如, 王节祥. 依附式升级: 平台生态系统中参与者的数字化转型战略 [J]. 管理世界, 2021, 37 (10): 195-214.

[6] 陈威如, 余卓轩. 平台战略: 正在席卷全球的商业模式革命 [M]. 北京: 中信出版社, 2013.

[7] 陈向明. 扎根理论的思路和方法 [J]. 教育研究与实验, 1999 (4): 58-63.

[8] 迟考勋, 邵月婷. 商业模式创新、资源整合与新创企业绩效 [J]. 外国经济与管理, 2020, 42 (3): 3-16.

[9] 储雪俭, 杨玉彬, 李佳阳. 运力供应链的内涵与模式 [J]. 交通与运输, 2018, 34 (4): 74-76.

[10] 传化慈善基金会公益研究院 "中国卡车司机调研课题组". 中国卡车司机调查报告 No. 2 [M]. 北京: 社会科学文献出版社, 2019.

[11] 崔爱平, 刘伟. 基于能力分工与合作的 LSSC 协调 [J]. 上海海事大学学报, 2008, 29 (2): 43-47.

[12] 崔红建, 马天山. 中国公路货运运营组织模式与政府经济管制

[J]. 长安大学学报（社会科学版），2010，12（1）：46 - 50.

[13] 崔淼，周晓雪. 克服组织惯性：数字化战略更新的实现及演进路径研究 [J]. 科研管理，2022，43（10）：89 - 98.

[14] 崔淼，周晓雪. 在位企业的能力构建与数字化战略更新：一项质性元分析 [J]. 研究与发展管理，2021，33（1）：39 - 52.

[15] 崔忠付. 我国物流平台运行特点及发展趋势 [J]. 中国物流与采购，2021（8）：10 - 11.

[16] 戴定一. 公平：物流政策的根本 [J]. 商业观察，2016（11）：14 - 16.

[17] 丁鹏飞，迟考勋，孙大超. 管理创新研究中经典探索性研究方法的操作思路：案例研究与扎根理论研究 [J]. 科技管理研究，2012，32（17）：229 - 232.

[18] 董娜. 大力促进无车承运 规范货运市场发展 [J]. 交通企业管理，2011，26（12）：28 - 30.

[19] 方琳. 企业战略更新研究综述：概念、过程与未来趋势 [J]. 经济与管理评论，2017，33（6）：67 - 76.

[20] 高良谋，张一进. 平台理论的演进与启示 [J]. 中国科技论坛，2018（1）：123 - 131.

[21] 高志军，刘伟，高洁. 服务主导逻辑下物流服务供应链的价值共创机理 [J]. 中国流通经济，2014（11）：71 - 77.

[22] 郭俊华. 知识产权政策评估 [M]. 上海：上海人民出版社，2010.

[23] 何雨，石德生. 社会调查中的"扎根理论"研究方法探讨 [J]. 调研世界，2009（5）：46 - 48.

[24] 贺登才. 无车承运人新业态全面推广的"行动指南"——对《网络平台道路货物运输经营管理暂行办法》的理解 [J]. 中国物流与采购，2019（18）：14 - 15.

[25] 侯杰泰，温忠麟，成子娟. 结构方程模型及其应用 [M]. 北京：教育科学出版社，2004.

[26] 胡莹，兰蓝，周子涵. 基于用户感知在线服务质量的服务设计方法研究——以移动通信服务设计为例 [J]. 设计，2023，36（2）：105 - 109.

［27］黄少波，李挥剑．论无车承运在我国发展的必要性和可行性［J］．交通运输部管理干部学院学报，2016，26（1）：17－20．

［28］简兆权，令狐克睿，李雷．价值共创研究的演进与展望——从"顾客体验"到"服务生态系统"视角［J］．外国经济与管理，2016（9）：3－20．

［29］杰伊·B. 巴尼，德文·N. 克拉克．资源基础理论：创建并保持竞争优势［M］．张书军，苏晓华，译．上海：格致出版社，2011．

［30］金帆．价值生态系统：云经济时代的价值创造机制［J］．中国工业经济，2014（4）：97－109．

［31］瞿海源，毕恒达，刘长萱，等．社会及行为科学研究法（二）质性研究法［M］．北京：社会科学文献出版社，2013．

［32］康晓琳，梁鹤年，施祖麟．透过 S－CAD 分析框架回顾土地垂直管理政策［J］．中国土地科学，2014，28（6）：51－57．

［33］寇杰，何桢．基于 S－CAD 方法的 PPP 模式逻辑性与可行性分析［J］．宏观经济研究，2015（7）：65－70．

［34］兰晓芳，刘卓，许志豪，等．基于 TF－IDF 和 TextRank 结合的中文文本关键词提取方法——以体育新闻为例［J］．软件工程，2023，26（8）：6－10．

［35］李俊峰．多特征融合的新闻聚类相似度计算方法［J］．软件，2017，38（12）：170－174．

［36］李雷，赵先德，简兆权．网络环境下平台企业的运营策略研究［J］．管理科学学报，2016（3）：15－33．

［37］李立望，黄德海．基于价值共创的智慧物流平台生态体系构建研究［J］．生态经济，2022，38（7）：79－84．

［38］李鹏，胡汉辉．企业到平台生态系统的跃迁：机理与路径［J］．科技进步与对策，2016，33（10）：1－5．

［39］李新庚．信用关系对市场经济发展的促进作用［J］．中南林业科技大学学报（社会科学版），2010，4（5）：1－7．

［40］梁鹤年．政策规划与评估方法［M］．北京：中国人民大学出版社，2009．

［41］林琴.家族传承与内部资本市场效率［D］.天津：南开大学，2015.

［42］令狐克睿，简兆权，李雷.服务生态系统：源起、核心观点和理论框架［J］.研究与发展管理，2018，30（5）：147-158.

［43］刘汉民.路径依赖理论及其应用研究：一个文献综述［J］.浙江工商大学学报，2010，101（2）：58-72.

［44］刘红叶，揭筱纹.路径依赖分析法在战略管理研究中的应用［J］.西南民族大学学报（人文社会科学版），2016（2）：99-102.

［45］刘珊.过程链网络分析法在餐饮服务设计中的应用［J］.包装工程，2017，38（24）：188-192.

［46］刘伟，高志军.物流服务供应链：理论架构与研究范式［J］.商业经济与管理，2012，246（4）：19-25.

［47］刘伟华.物流服务供应链能力合作的协调研究［D］.上海：上海交通大学，2007.

［48］刘雪梅.联盟组合：价值创造与治理机制［J］.中国工业经济，2012（6）：70-82.

［49］刘元春.论路径依赖分析框架［J］.教学与研究，1999（1）：43-49.

［50］马浩.战略管理学50年：发展脉络与主导范式［J］.外国经济与管理，2017，39（7）：15-32.

［51］诺思.制度、制度变迁与经济绩效［M］.杭行，译.上海：格致出版社，2008.

［52］彭本红，鲁倩.服务模块化的优化设计——基于PCN方法［J］.技术经济，2015，34（9）：14-20.

［53］秦思楠.共享经济税收征管面临的挑战与对策［J］.财政科学，2022（2）：73-84.

［54］邱均平，邹菲.关于内容分析法的研究［J］.中国图书馆学报，2004（2）：14-19.

［55］沈晓菲.基于委托代理理论的供应链激励监督机制设计［J］.商业时代，2010（21）：21-77.

［56］斯蒂芬·P. 罗宾斯. 管理学：原理与实践 ［M］. 毛蕴诗，译. 北京：机械工业出版社，2015.

［57］宋志刚. 车货匹配平台价值共创逻辑的演进——从"再中介化"到"去中介化"［J］. 商业经济与管理，2018 (12)：18-31.

［58］宋志刚，赵启兰. 物流服务供应链的研究——从供应到需求的视角转变 ［J］. 商业经济与管理，2015，281 (3)：14-22.

［59］童文锋，杜义飞. 原力：再造企业价值战略 ［M］. 北京：机械工业出版社，2021.

［60］王慧颖. 基于传化物流案例的物流信息平台生态系统演化机理研究 ［J］. 科技促进发展，2020，16 (6)：679-688.

［61］王节祥，刘永贵，陈威如. 平台企业如何激发生态互补者创新 ［J］. 清华管理评论，2021 (5)：88-94.

［62］王静. 物流市场与信用环境可持续发展的机制研究 ［J］. 吉林大学社会科学学报，2018，58 (6)：106-115.

［63］王晓东. 动态环境下的企业战略更新研究 ［D］. 上海：复旦大学，2005.

［64］王勇，冯骅. 平台经济的双重监管：私人监管与公共监管 ［J］. 经济学家，2017 (11)：73-80.

［65］王志锋，徐晓明，谢天成，等. 基于 S-CAD 方法的农村土地制度改革试点政策评估：以义乌为例 ［J］. 公共管理评论，2017 (3)：66-91.

［66］吴群，杜媛媛. 平台型物流企业供应链生态圈社会责任治理研究——以满帮集团为例 ［J］. 管理案例研究与评论，2023，16 (6)：779-801.

［67］吴亚伟. 扎根理论研究方法文献综述 ［J］. 市场周刊（理论研究），2015 (9)：20-21.

［68］辛本禄，刘燕琪. 基于制度作用机制的服务生态系统整合模型研究 ［J］. 中国科技论坛，2021 (1)：136-146.

［69］辛士波，陈妍，张宸. 结构方程模型理论的应用研究成果综述 ［J］. 工业技术经济，2014，33 (5)：61-71.

[70] 邢大宁，赵启兰，宋志刚．基于云生态的物流信息平台服务模式创新研究［J］．商业经济与管理，2016（8）：5–15.

[71] 邢喜凤．中国社会政策的历史演进和路径依赖——基于历史制度主义的分析［J］．社会工作与管理，2024，24（1）：90–98.

[72] 徐红梅，王华，张同建．斯金纳强化理论在隐性知识转化中的激励价值阐释［J］．情报理论与实践，2015，38（5）：51–54.

[73] 徐晓飞，王忠杰．服务工程与方法论［M］．北京：清华大学出版社，2011.

[74] 杨学成，涂科．出行共享中的用户价值共创机理——基于优步的案例研究［J］．管理世界，2017（8）：154–169.

[75] 尹美群，李文博．网络媒体关注、审计质量与风险抑制——基于深圳主板A股上市公司的经验数据［J］．审计与经济研究，2018，33（4）：24–33.

[76] 尤美虹，骆温平，陶君成．无车承运人及货运平台监管调查分析［J］．中国流通经济，2019，33（8）：45–53.

[77] 余玉刚，郑圣明，霍宝锋，等．平台供应链的管理理论与方法前沿课题［J］．管理科学，2021，34（6）：60–66.

[78] 张芳馨，杨欣茹，伍浩．基于SERVQUAL模型的物流服务质量提升策略研究——以A公司为例［J］．中国物流与采购，2024（1）：118–119.

[79] 张海柱，陈小玉，袁慧赟．中国地方社会治理创新的总体特征与动因——基于"创新社会治理典型案例"（2012—2021）的多案例文本分析［J］．西南大学学报（社会科学版），2022，48（1）：62–73.

[80] 张建军，赵启兰．基于"互联网＋"的产品供应链与物流服务供应链联动发展的演化机理研究——从"去中间化"到"去中心化"［J］．商业经济与管理，2017（5）：5–15.

[81] 张夏恒，肖林．基于消费者在线评论数据的快递物流服务质量评价研究［J］．重庆工商大学学报（社会科学版），2023，40（2）：66–79.

[82] 赵炜．新就业形态给青年群体带来的机遇和挑战［J］．人民论坛，2023（1）：66–69.

[83] 周熙霖，魏炜．整车货运平台企业的商业模式竞争［J］．清华管

理评论，2022（11）：32－40.

[84] 朱丽叶·M. 科宾，安塞尔姆·L. 施特劳斯. 质性研究的基础：形成扎根理论的程序与方法（第3版）[M]. 重庆：重庆大学出版社，2015.

[85] 朱岩，刘扬，李丹丹，等. 面向舆情的社交媒体文本倾向性分析 [J]. 信息安全研究，2017，3（9）：781－794.

[86] 祝立群. 商业生态系统战略进化的作用机理 [J]. 求索，2007（1）：40－42.

[87] 左文明，朱文锋. 分享经济下基于SERVQUAL的网约车服务质量管理研究——以滴滴出行和优步为例 [J]. 管理案例研究与评论，2018，11（4）：349－367.

[88] Agarwal R, Helfat C E. Strategic renewal of organizations [J]. *Organization Science*，2009，20（2）：281－293.

[89] Akaka M A, Koskela – Huotari K, Vargo S L. Formalizing service-dominant logic as a general theory of markets：Taking stock and moving forward [J]. *AMS Review*，2021，11（3）：375－389.

[90] Alexy O, West J, Klapper H, et al. Surrendering control to gain advantage：Reconciling openness and the resource-based view of the firm [J]. *Strategic Management Journal*，2018，39（6）：1704－1727.

[91] Ansoff H I. *Corporate Strategy* [M]. New York：McGraw – Hill，1965.

[92] Baker W E, Grinstein A, Harmancioglu N. Whose innovation performance benefits more from external networks：entrepreneurial or conservative firms？ [J]. *Journal of Product Innovation Management*，2016，33（1）：104－120.

[93] Ballantyne D, Frow P, Varey R J, et al. Value propositions as communication practice：Taking a wider view [J]. *Industrial Marketing Management*，2011，40（2）：202－210.

[94] Baltacioglu T, Ada E, Kaplan M D, et al. A new framework for service supply chains [J]. *The Service Industries Journal*，2007，27（2）：105－124.

[95] Barney J. Firm resources and sustained competitive advantage [J]. *Journal of Management*，1991，17（1）：99－120.

［96］ Beckman C M, Burton M D. Founding the future: Path dependence in the evolution of top management teams from founding to IPO ［J］. *Organization Science*, 2008, 19 (1): 3 – 24.

［97］ Bohnsack R, Kurtz H, Hanelt A. Re-examining path dependence in the digital age: The evolution of connected car business models ［J］. *Research Policy*, 2021, 50 (9): 104328.

［98］ Capron L, Mitchell W. Selection capability: How capability gaps and internal social frictions affect internal and external strategic renewal ［J］. *Organization Science*, 2009, 20 (2): 294 – 312.

［99］ Cennamo C, Santalo J. Platform competition: Strategic trade-offs in platform markets ［J］. *Strategic Management Journal*, 2013, 34 (11): 1331 – 1350.

［100］ Chandler A D. *Strategy and Structure* ［M］. Cambridge, MA: MIT Press, 1962.

［101］ Chen L, Tong T W, Tang S, et al. Governance and design of digital platforms: A review and future research directions on a meta-organization ［J］. *Journal of Management*, 2022, 48 (1): 147 – 184.

［102］ Christopher M, Lynette R. The supply chain becomes the demand chain ［J］. *Journal of Business Logistics*, 2014, 35 (1): 29 – 35.

［103］ Corbin J, Strauss A. *Basics of Qualitative Research: Techniques and Procedures for Developing Grounded Theory* ［M］. Thousand Oaks, CA: SAGE Publications, Inc, 2008.

［104］ D Aveni R A, Gunther R. Hypercompetition. Managing the Dynamics of Strategic Maneuvering ［M］//Boersch C, Elschen R. *Das Summa Summarum des Management: Die 25 wichtigsten Werke für Strategie, Führung und Veränderung.* Gabler, Wiesbaden, 2007.

［105］ Doney P M, Cannon J P. A review of the antecedents and consequences of trust in the customer-supplier relationship context ［J］. *Journal of Business Research*, 1997, 38 (2): 165 – 175.

［106］ Drzymalski J. Supply chain frameworks for the service industry: A review of the literature [J]. *European International Journal of Science and Technology*, 2012, 1 (3): 31 –42.

[107] Dyer J H, Singh H. The relational view: Cooperative strategy and sources of interorganizational competitive advantage [J]. *The Academy of Management Review*, 1998, 23 (4): 660 –679.

[108] Echeverri P, Skålén P. Co-creation and co-destruction: A practice-theory based study of interactive value formation [J]. *Marketing Theory*, 2011, 11 (3): 351 –373.

[109] Eggers J P, Kaplan S. Cognition and renewal: comparing CEO and organizational effects on incumbent adaptation to technical change [J]. *Organization Science*, 2009, 20 (2): 461 –477.

[110] Eggert A, Ulaga W, Frow P, et al. Conceptualizing and communicating value in business markets: From value in exchange to value in use [J]. *Industrial Marketing Management*, 2018 (69): 80 –90.

[111] Eisenhardt K M. Agency theory: An assessment and review [J]. *Academy of Management Review*, 1989 (14): 57 –74.

[112] Eisenmann T, Parker G, Van Alstyne M. Platform envelopment [J]. *Strategic Management Journal*, 2011, 32 (12): 1270 –1285.

[113] Ellram L M, Tate W L, Billington C. Services supply management: The next frontier for improved organizational performance [J]. *California Management Review*, 2007, 49 (4): 44 –66.

[114] Ellram L M, Tate W L, Billington C. Understanding and managing the services supply chain [J]. *Journal of Supply Chain Management*, 2004, 40 (4): 17 –32.

[115] Etgar M. A descriptive model of the consumer co-production process [J]. *Journal of the Academy of Marketing Science*, 2008, 36 (1): 97 –108.

[116] Evans D S. Some empirical aspects of multi-sided platform industries [J]. *The Review of Network Economics*, 2003, 2 (3): 191 –209.

[117] Floyd S W, Lane P J. Strategizing throughout the organization: Managing role conflict in strategic renewal [J]. *The Academy of Management Review*,

2000, 25 (1): 154.

[118] Gawer A. Bridging differing perspectives on technological platforms: Toward an integrative framework [J]. *Research Policy*, 2014, 43 (7): 1239 –1249.

[119] Gawer A, Cusumano M A. Industry platforms and ecosystem innovation [J]. *Journal of Product Innovation Management*, 2014, 31 (3): 417 –433.

[120] Gawer A, Cusumano M A. *Platform Leadership: How Intel, Microsoft, and Cisco Drive Industry Innovation – Do You Have Platform Leadership?* [M]. Boston, MA, USA: Harvard Business School Press, 2002.

[121] Greenfield H I. A Note on the goods/services dichotomy [J]. *Service Industries Journal*, 2002, 22 (4): 19 –21.

[122] Grönroos C. On defining marketing: Finding a new roadmap for marketing [J]. *Marketing Theory*, 2006, 6 (4): 395 –417.

[123] Grönroos C. Service logic revisited: Who creates value? And who co-creates? [J]. *European Business Review*, 2008, 20 (4): 298 –314.

[124] Grönroos C, Voima P. Critical service logic: Making sense of value creation and co-creation [J]. *Journal of the Academy of Marketing Science*, 2013, 41 (2): 133 –150.

[125] Hagiu A, Jullien B. Search diversion and platform competition [J]. *International Journal of Industrial Organization*, 2014 (33): 48 –60.

[126] Heinonen K, Strandvik T, Mickelsson K J, et al. A customer-dominant logic of service [J]. *Journal of Service Management*, 2010, 21 (4): 531 –548.

[127] Helfat C E, Winter S G. Untangling dynamic and operational capabilities: Strategy for the (N) ever-changing world [J]. *Strategic Management Journal*, 2011, 32 (11): 1243 –1250.

[128] Hoffmann W, Lavie D, Reuer J J, et al. The interplay of competition and cooperation [J]. *Strategic Management Journal*, 2018, 39 (12): 3033 – 3052.

[129] Horning M A. Interacting with news: Exploring the effects of modality and perceived responsiveness and control on news source credibility and enjoyment

among second screen viewers [J]. *Computers in Human Behavior*, 2017 (73): 273 - 283.

[130] Iansiti M, Levien R. *The Keystone Advantage: What the New Dynamics of Business Ecosystems Mean for Strategy, Innovation, and Sustainability* [M]. Boston: Massachusetts, Harvard Business School Press, 2004.

[131] Jacobides M G, Cennamo C, Gawer A. Towards a theory of ecosystems [J]. *Strategic Management Journal*, 2018, 39 (8): 2255 - 2276.

[132] Jacobides M G, Winter S G. Capabilities: Structure, agency, and evolution [J]. *Organization Science*, 2012, 23 (5): 1365 - 1381.

[133] Jones O, Macpherson A. Inter-organizational learning and strategic renewal in SMEs: Extending the 4I framework [J]. *Long Range Planning*, 2006, 39 (2): 155 - 175.

[134] Joshi A W. Continuous supplier performance improvement: Effects of collaborative communication and control [J]. *Journal of Marketing*, 2009, 73 (1): 133 - 150.

[135] Kim W C, Mauborgne R. Blue ocean strategy [J]. *Harvard Business Review*, 2004, 82 (10): 76 - 84.

[136] Kox H, Straathof B, Zwart G. Targeted advertising, platform competition, and privacy [J]. *Journal of Economics & Management Strategy*, 2017, 26 (3): 557 - 570.

[137] Lee S Y, Kim Y, Kim Y. Engaging consumers with corporate social responsibility campaigns: The roles of interactivity, psychological empowerment, and identification [J]. *Journal of Business Research*, 2021 (134): 507 - 517.

[138] Lovelock C H. Classifying services to gain strategic marketing insights [J]. *Journal of Marketing*, 1983, 47 (3): 9 - 20.

[139] Lusch R F, Nambisan S. Service innovation: A service – dominant (S – D) logic perspective [J]. *Mis Quarterly*, 2015, 39 (1): 155 - 175.

[140] Lusch R F. Reframing supply chain management: A service-dominant logic perspective [J]. *Journal of Supply Chain Management*, 2011, 47 (1): 14 - 18.

[141] Matthyssens P, Vandenbempt K, Berghman L. Value innovation in business markets: Breaking the industry recipe [J]. *Industrial Marketing Management*, 2006, 35 (6): 751 – 761.

[142] Mcfarlane D, Giannikas V, Lu W. Intelligent logistics: Involving the customer [J]. *Computers in Industry*, 2016 (81): 105 – 115.

[143] Moore J F. Predators and prey: A new ecology of competition [J]. *Harvard Business Review*, 1993, 71 (3): 75 – 86.

[144] Normann R. *Reframing Business: When the Map Changes the Landscape* [M]. John Wiley & Sons, 2001.

[145] Patala S, Jalkala A, Keränen J, et al. Sustainable value propositions: Framework and implications for technology suppliers [J]. *Industrial Marketing Management*, 2016 (59): 144 – 156.

[146] Payne A, Frow P, Eggert A. The customer value proposition: Evolution, development, and application in marketing [J]. *Journal of the Academy of Marketing Science*, 2017, 45 (4): 467 – 489.

[147] Pierson P. Increasing returns, path dependence, and the study of politics [J]. *American Political Science Review*, 2000, 94 (2): 251 – 267.

[148] Prahalad C K, Hamel G. The core competence of the corporation [J]. *Harvard Business Review*, 1990, 68 (3): 79 – 91.

[149] Provan K G, Skinner S J. Interorganizational dependence and control as predictors of opportunism in dealer-supplier relations [J]. *The Academy of Management Journal*, 1989, 32 (1): 202 – 212.

[150] Ranjan K R, Read S. Value co-creation: Concept and measurement [J]. *Journal of the Academy of Marketing Science*, 2016, 44 (3): 290 – 315.

[151] Sampson S E. *Essentials of Service Design: Developing High – Value Service Business with PCN Analysis* [M]. Utah: BYU Print Services, 2012a.

[152] Sampson S E, Spring M. Customer roles in service supply chains and opportunities for innovation [J]. *Journal of Supply Chain Management*, 2012, 48 (4): 30 – 50.

[153] Sampson S E. Visualizing service operations [J]. *Journal of Service*

Research, 2012b, 15 (2): 182 – 198.

[154] Schau H J, Iz A M M, Arnould E J. How brand community practices create value [J]. *Journal of Marketing*, 2009, 73 (5): 30 – 51.

[155] Schmitt A, Raisch S, Volberda H W. Strategic renewal: Past research, theoretical tensions and future challenges [J]. *International Journal of Management Reviews*, 2018, 20 (1): 81 – 98.

[156] Scott W R. *Institutions and Organizations: Ideas and Interests* [M]. Los Angeles: Sage, 2008.

[157] Shahzad K, Ali T, Takala J, et al. The varying roles of governance mechanisms on ex-post transaction costs and relationship commitment in buyer-supplier relationships [J]. *Industrial Marketing Management*, 2018 (71): 135 – 146.

[158] Shostack G L. Designing services that deliver [J]. *Harvard Business Review*, 1984, 41 (1): 133 – 139.

[159] Strauss A L C J. *Basics of Qualitative Research: Grounded Theory Procedures and Techniques* [M]. Thousand Oaks, CA: Sage, 1990.

[160] Sydow J, Schreyögg G, Koch J. Organizational path dependence: Opening the black box [J]. *Academy of Management Review*, 2009, 34 (4): 689 – 709.

[161] Tate W L, Dooley K J, Ellram L M. Transaction cost and institutional drivers of supplier adoption of environmental practices [J]. *Journal of Business Logistics*, 2011, 1 (32): 6 – 16.

[162] Teece D J, Linden G. Business models, value capture, and the digital enterprise [J]. *Journal of Organization Design*, 2017, 6 (1): 8.

[163] Teece D J, Pisano G, Shuen A. Dynamic capabilities and strategic management [J]. *Strategic Management Journal*, 1997, 18 (7): 509 – 533.

[164] Vargo S L, Lusch R F. Evolving to a new dominant logic for marketing [J]. *The Journal of Marketing*, 2004, 68 (1): 1 – 17.

[165] Vargo S L, Lusch R F. From repeat patronage to value co-creation in service ecosystems: A transcending conceptualization of relationship [J]. *Journal*

of Business Market Management, 2010, 4 (4): 169 – 179.

[166] Vargo S L, Lusch R F. Institutions and axioms: An extension and update of service-dominant logic [J]. *Journal of the Academy of Marketing Science*, 2016, 44 (1): 5 – 23.

[167] Vargo S L, Lusch R F. It's all B2B…and beyond: Toward a systems perspective of the market [J]. *Industrial Marketing Management*, 2011, 40 (2): 181 – 187.

[168] Vargo S L, Lusch R F. Service-dominant logic: Continuing the evolution [J]. *Journal of the Academy of Marketing Science*, 2008, 36 (1): 1 – 10.

[169] Vargo S L, Lusch R F. Service-dominant logic 2025 [J]. *International Journal of Research in Marketing*, 2017, 34 (1): 46 – 67.

[170] Vargo S L, Lusch R F. Service-dominant Logic: What It Is, What It Is Not, What It Might Be [M]//Lusch R F, Vargo S L. *The Service Dominant Logic of Marketing: Dialog, Debate, and Directions*. ME Sharpe, Armonk, NY, 2006.

[171] Wareham J, Fox P B, Giner J L C. Technology ecosystem governance [J]. *Organization Science*, 2014, 25 (4): 1195 – 1215.

[172] Warner K S R, Wäger M. Building dynamic capabilities for digital transformation: An ongoing process of strategic renewal [J]. *Long Range Planning*, 2019, 52 (3): 326 – 349.

[173] Williamson O E. Comparative economic organization: The analysis of discrete structural alternatives [J]. *Administrative Science Quarterly*, 1991, 36 (2): 269 – 296.

[174] Winter S G. Understanding dynamic capabilities [J]. *Strategic Management Journal*, 2003, 24 (10): 991 – 995.

[175] Yadav M S, Varadarajan R. Interactivity in the electronic marketplace: An exposition of the concept and implications for research [J]. *Journal of the Academy of Marketing Science*, 2005, 33 (4): 585 – 603.